101 maneras
de calmar a un bebé

Diseño de interior y tapa: Isabel Rodrigué
Ilustraciones: Alexiev Gandman

MARCELA OSA

101 maneras
de calmar a un bebé

Grijalbo

Osa, Marcela
    Ciento un maneras de calmar a un bebé - 1ª ed. -
Buenos Aires : Grijalbo, 2006.
    272 p. : il. ; 21x16 cm. (Autoayuda)

ISBN 950-28-0394-9

1. Guía para Padres. I. Título
CDD 649.102 42

IMPRESO EN LA ARGENTINA

Queda hecho el depósito
que previene la ley 11.723.
© *2006, Editorial Sudamericana S.A.®*
Humberto I 531, Buenos Aires.

www.edsudamericana.com.ar

ISBN 950-28-0394-9

Publicado por Editorial Sudamericana S.A.® bajo el sello Grijalbo

ÍNDICE

Agradecimientos   15
Prólogo   17

INTRODUCCIÓN
¿POR QUÉ LLORAN LOS BEBÉS?

Plano físico: Ese incómodo traje de moléculas   23
Lágrimas que limpian   25
Plano psicológico y emocional:
aterrizaje en un planeta sin sentido   28
¿Quién es el que llora?   30
Plano místico y energético: espíritus
en un mundo material   33
Plano evolutivo: el llanto del bebé puede
cambiar el futuro   35

Recursos exprés para llantos desbordados   39

Medicina convencional   42
Medicina alternativa y complementaria   42
Más recursos   54

Botiquín de emergencia para adultos en crisis   57

Recursos humanos   59
Calma interior   60
Curación energética   63
Dicen los que saben...   63

7

PRIMERA PARTE
AL RESCATE EN EL MAR DE LÁGRIMAS

Contando hasta 101   69

Recomendaciones generales para
mantener la calma   71
1. Casi como en la nave   72
2. Un poco de oxígeno   72
3. Baño sedante   73
4. Flores para el trauma del nacimiento   73
5. Paz verde   74
6. Los que no fallan   74
7. Cosa de brujas   74
8. Consejo experto   75
9. Dicen los que saben...   75
10. Ese gomoso objeto del deseo   78

Piel a piel con el bebé   81

11. Toque eutónico al bebé   83
12. Masaje californiano   87
13. Manos luminosas   88
14. Dicen los que saben...   89

Los brazos: un lugar en el mundo   91

Recomendaciones generales   94
15. Las olas de la upa   95
16. Mochilas: empezar la vida en una
hamaca paraguaya   95
17. Dicen los que saben...   97

Melodías para un oído recién nacido   99

Recomendaciones generales   101
18. Para entonar el himno de la paz   103

19. Chakras en clave armónica 104
20. La música del nombre 104
21. El pequeño buda 104
22. Dicen los que saben... 105

La vía láctea sabe bien 107

Recomendaciones generales para una
lactancia fluida 110
23. Mamá me da la calma 112
24. Un tecito con leche 113
25. Leche de calidad certificada 113
26. Un comedor organizado 114
27. Dificultades con la lactancia 115
28. Amorosas mamaderas 116
29. Destete 118
30. Combustible para aterrizar 119
31. ¡La teta se va a trabajar! 119

El feng shui del bebé globalizado 123

El Ba-Gua del bebé 126
Descripción de los Gua 127
Ubicación del plano de Ba-Gua 128
Recomendaciones generales 130
32. Granos de yin yang 131
33. Para mantener el *chi* en alto 131
34. El feng shui del relax 132
35. Para mantener una buena salud 133
36. El techo es el cielo 134
37. Renovación energética del ambiente 134
38. Símbolos mágicos 135

Caleidoscopios de cristal 137

Cristales más apropiados para bebés 139
Recomendaciones generales 140
39. Buenas vibraciones decorativas 141
40. Mandalas cristalinos 142

Cunas y lunas 143

Recomendaciones generales 146
41. Teta sedante 149
42. ¿Dormir con mamá y papá? 150
43. Hábitos de sueño 153
44. Aromaterapia onírica 155
45. Hierbas para dulces sueños 156
46. Manos de Morfeo 156
47. Flores somníferas 156
48. Chakra nocturno 157
49. Sueños mágicos 157
50. Dicen los que saben... 158

SEGUNDA PARTE
SANA, SANA, COLITA DE RANA

La salud del bebé 163

Cómo observar al bebé 165
Claves para elegir al pediatra 167
Vacunación, ¿sí o no? 169
Derechos del niño hospitalizado 169

Cólico 173

Recomendaciones generales 176
51. Dieta anticólicos 178
52. Hierbas para panzas felices 179

53. Mimos curativos 180
54. Osteopatía 181
55. Chakras digestivos 181
56. Flores para aliviar el intestino 181
57. Sugerencias 182
58. Dicen los que saben... 182

Constipación 185

Recomendaciones generales 187
59. Dieta para un buen ritmo intestinal 188
60. Mimos curativos 189

Dentición 191

Recomendaciones generales 194
61. Dieta para dientes dolorosos 195
62. Mordillos 195
63. Hierbas para encías sensibles 196
64. Flores dentistas 197
65. Mimos curativos 197
66. Chakras dentales 198

Diarrea 199

Recomendaciones generales 201
67. Dieta equilibrante 202
68. Mimos curativos 203
69. Flores reguladoras 203

Dolor de garganta 205

Recomendaciones generales 208
70. Dieta para gargantas irritadas 208
71. Mimos curativos 209
72. Flores cantarinas 209

Fiebre 211

Recomendaciones generales 214
73. Convulsiones infantiles. Primeros auxilios 214
74. Dieta antifebril 215
75. Mimos curativos 215
76. Hierbas para frentes frescas 215
77. Flores para curarse más rápido 216

Hiperactividad 217

Recomendaciones generales 219
78. Dieta quieta 219
79. Hierbas para bajar la frecuencia 220
80. Flores armoniosas 220

Náuseas y vómitos 221

Recomendaciones generales 223
81. Dieta de recuperación 223
82. Mimos curativos 224
83. Hierbas suavizantes 224
84. Flores para digerir 225

Otitis 227

Recomendaciones generales 230
85. Dieta para oídos sensibles 231
86. Mimos curativos 232
87. Flores para escucharte mejor 232

Paspadura 233

Recomendaciones generales 235
88. Dieta para colitas frescas 236
89. Hierbas para pieles suaves 237
90. Flores desinflamantes 237

Resfrío   239

Recomendaciones generales   242
91. ¡Dietaaaa...chís!   243
92. Hierbas antimocos   244
93. Mimos curativos   244
94. Flores para respirar mejor   245

Tos   247

Recomendaciones generales   250
95. Dieta para bebés concertistas   250
96. Hierbas descongestivas   250
97. Atragantamiento. Primeros auxilios   251

Medicina folklórica, la dimensión curandera   255

Recomendaciones generales   257
98. Pata de cabra   257
99. Susto   260
100. Mal de ojo   261
101. Empacho   262

APÉNDICE
CRÓNICAS LACRIMOSAS

Diario del llanto del bebé   267
Fuentes   269

AGRADECIMIENTOS

A Dante, por inspirarme desde que llegó a mi mundo.
A Rodo, por los manjares y el amor con que alimentó mis horas frente a la compu.
A mi mamá y mis tíos, por cuidarnos tanto a Dante y a mí.
A los profesionales e investigadores que brindaron con tanta generosidad su tiempo y asesoramiento.
A las familias que compartieron su experiencia en la crianza de bebés con honestidad, buen humor y ganas de transmitir lo mejor a las generaciones de hoy.
A Ángela y Selena, por las tardes de ombúes y fresnos.
A todos los que hicieron posible este libro con sus orientaciones precisas y con el sostén que todo nacimiento requiere: Laura Lagos, Lucrecia Agulla, María Eugenia Ludueña, Madonna, Mariela Petruccelli, Natalia Gallina, Pablo Intebi, Paysandú, Sandra Bel, Silvia Kaspar, Soyo, Valeria Limonoff, Verónica Riutort, Verónica Rodríguez Cáceres, Virginia Zunino.
A Isolda y Ziimbra, por su acompañamiento incondicional.
De corazón, a cada uno, muchas gracias.

Prólogo

La idea de este libro surgió una tarde de plaza, en aquel verano del '96. Sostenía a mi bebé a upa, mientras caminaba junto a una amiga del alma quien, a su vez, llevaba en brazos a su hijita de pocos meses.

Para este grupo, las plazas siempre eran garantía de una excursión feliz. Encontrarnos en lugares cerrados conducía a la irritación inevitable de nuestras criaturitas y, si algo no queríamos, era que los bebés se sintieran molestos. Necesitábamos tanto ese espacio de descanso y retroalimentación... Cada encuentro era una oportunidad para ponernos al día con los últimos descubrimientos de nuestra reciente condición de madres primerizas.

Desde que los bebés habían hecho su entrada triunfal en nuestros mundos, cada acto cotidiano se había convertido en una escena de *Rumbo a lo desconocido*. Dormir de noche pasó a ser un borroso recuerdo de otras vidas. La conciencia se nos desdoblaba o duplicaba (por ejemplo, cuando intentábamos mantenerlos entretenidos mientras con una mano preparábamos el baño y con la otra atendíamos el teléfono, ¡que no paraba de sonar!). Además, de un día para el otro se nos había activado un poder telepático que nos permitía percibir hasta el menor movimiento respiratorio de nuestros bebés.

No sólo los niños habían llegado a un nuevo mundo sino que, para nosotras, la realidad de la tercera dimensión nunca más sería la misma.

En esta aventura no faltaban las emociones extremas: felicidad trascendental, angustia sísmica, ternura infinita, acertijos existenciales, amor ilimitado, todo a la vez, o todo lo contrario. Estábamos envueltas en el acto creativo por excelencia del ser humano. Una obra maestra cuya singular música de fondo nos arrancaba de cualquier contemplación... Como muchos bebés, los nuestros, lloraban. Y no teníamos idea de qué hacer para calmarlos.

Por empezar, desconfiábamos de los consejos familiares, convencidas de que si habíamos llegado a ser madres era para hacer todo lo contrario que las nuestras. En segundo lugar, nos cuestionábamos las reglas fijas y los manuales acerca de "cómo educar a los hijos para que no alteren demasiado el ambiente". De la medicina exigíamos pruebas, no palabras: que nos mostraran una radiografía del cólico, o nada. Y de la *new age*, que en vez repetir afirmaciones frente al espejo, se dedicara al voluntariado de *baby sitter* nocturno.

Lo que queríamos, más que cualquier otra cosa, era descubrir las causas de ese sufrimiento que aún no tenía palabras y que a nosotras mismas nos generaba una angustia como nunca habíamos sentido antes. Como si el llanto del bebé se abriera camino por las grietas más sensibles, hasta llegar a un núcleo desprotegido que, en nuestro interior, también pedía upa.

Aquel verano se inició esta búsqueda, de la mano de mi pequeño Dante y de mi herramienta de trabajo más genuina, el periodismo.

En esta investigación intenté descubrir las causas físicas, emocionales, psicológicas y espirituales del llanto de los bebés. Me prometí escuchar todas las voces, y hacer una selección sin prejuicios, basada en la experiencia y en los testimonios directos de aquellas personas que habían tenido éxito en calmar a un bebé, o podían dar una explicación consistente a su llanto. Cada aporte sumó una pieza valiosa a un rompecabezas que sólo cada familia, en contacto con su bebé y sus circunstancias, puede completar.

En el trayecto fui aprendiendo, como todo padre frente a la realidad de un hijo, que los límites y convicciones siempre pueden ser un poco más elásticos... Así es que más de una noche me encontré implorándole al pediatra por la fórmula

antigases, puse en práctica algunas reglas del manual —porque a veces venía bien no alterar demasiado el ambiente—, repetí cien veces frente al espejo alucinado "el cólico se va, yo quedo; el cólico se va, yo quedo...".
Y sí, confieso: también le pedí un par de consejos a mi mamá.
Así se fue escribiendo este libro, sobre todo con mucho amor. Espero que se convierta en una compañía inspiradora en el sendero sin palabras de los primeros tiempos del bebé.

MARCELA OSA

¿Por qué lloran los bebés?

Causas orgánicas, psicológicas, emocionales, espirituales, energéticas, antropológicas y más. Recursos de amplio espectro para calmar a los bebés... ¡y a los adultos!

Después de atravesar el velo que separa los mundos, el bebé llega como un viajero desnudo a una realidad amenazante e insospechada, un sueño del que no sabe si podrá despertar. El shock que le produce su primer contacto con el agitado mundo al final del túnel deja una huella imborrable en su psiquis, sus emociones, su cuerpo y su espíritu. Este impacto se conoce como "trauma del nacimiento". Esta terminología es aplicada por especialistas de diversas áreas: se utiliza tanto para referirse a heridas y quebraduras ocurridas durante el nacimiento como al estrés que éste produce por sí mismo, y también para describir la angustia psicológica primitiva del ser humano y su primera crisis existencial.

PLANO FÍSICO: ESE INCÓMODO TRAJE DE MOLÉCULAS

La medicina convencional especifica con claridad las causas de llanto por razones orgánicas, físicas y fisiológicas. Para empezar, se encuentran las necesidades primarias de los bebés. Son fáciles de distinguir y, si las señales son interpretadas correctamente, se pueden apaciguar en forma inmediata. Un bebé puede estar naturalmente molesto por:

- sueño
- pañal sucio o mojado
- hambre

- calor o frío
- necesidad de sostén o contacto
- picazón por ropa de tela irritante
- ganas de hacer caca

Para cada una de estas necesidades, existe una solución concreta y simple: hay que ayudar al bebé a dormir, lavarle la cola y ponerle un pañal limpio, amamantarlo, abrigarlo o refrescarlo, hacerle upa, abrazarlo, usar telas adecuadas y ayudarlo a mover el vientre.

Cuando estas necesidades primarias de un recién nacido están cubiertas y éste continúa llorando, nurses y neonatólogos indagan en posibles causas orgánicas. Un minucioso chequeo médico ante la menor sospecha de enfermedad o accidente es muy importante en los primeros tiempos del bebé, ya que las piezas de su exquisita y pequeña maquinaria se encuentran en proceso de desarrollo, y cualquier afección puede tener consecuencias insospechadas.

Entre las revisiones más frecuentes, se descarta la fractura de clavícula —un accidente que puede ocurrir durante el nacimiento—, la ictericia —una enfermedad debida a la inmadurez del hígado—, el sangrado del cordón umbilical —si el bebé llora en forma quejosa y tono muy bajo—, y la posibilidad de una adicción no declarada de la mamá.

Si las enfermedades quedan descartadas, y el bebé sigue llorando, el diagnóstico se resume en una contundente y temida palabra: cólico. Aquí la suerte de los padres está echada: su hijo va a llorar intensamente los primeros tres o cuatro meses, aunque algunos bebés pueden hacerlo durante todo el primer año.

Los esfuerzos de la comunidad científica por descifrar el proceso del cólico, su origen y su mecanismo, hasta el momento no han sido fructíferos. Se lo define como un llanto largo y vigoroso que persiste más allá de todo esfuerzo por consolarlo. El término "cólico" proviene de una palabra griega que designa un tramo del intestino grueso, lo cual refleja la creencia de que se trata de un problema digestivo. La explicación generalizada es que el bebé traga aire al mamar, y esto le produce gases. El agarrotamiento de los músculos de la panza confirma que hay mucha tensión en la zona. Ciertas posturas que adoptan los bebés durante un episodio de gases también suelen estar presentes en estos ataques de llanto. Por ejemplo, el bebé lleva las piernas al pecho, aprieta los puños y agita sus manos y piernas, o arquea la espalda.

Si fuera por dolores de gases, sería muy fácil comprender que el bebé llore con desesperación. En especial, si tenemos la experiencia de haberlos padecido de adultos, y añadimos el dato de que su organismo inmaduro no está preparado para procesar el malestar ni el dolor, y el bebé tampoco tiene la posibilidad de anticipar que este sufrimiento va a parar, tarde o temprano.

La única objeción que se plantea al diagnóstico de cólico es que su existencia es una cuestión de fe: algunos médicos creen en los cólicos y otros no. Es que no es posible demostrar que todos los bebés que expresan estos síntomas tienen problemas estomacales. A pesar de las grandes sumas que el mundo farmacéutico invierte para descubrir el antídoto salvador, el cólico no se deja atrapar.

LÁGRIMAS QUE LIMPIAN

Un aspecto destacado del llanto es su función como mecanismo de descarga del estrés. Estamos equipados neurológica y biológicamente para liberar al cuerpo de los efectos de la tensión, y lo hacemos a través de las lágrimas, que restauran el equilibrio químico del organismo. Para un bebé, los factores de excitación son numerosos. Su sistema nervioso inmaduro es extremadamente sensible a los estímulos discordantes: situaciones de violencia, clima tenso, contacto con adultos nerviosos, entre otros. Es notorio cómo las personas cercanas a un recién nacido suelen sintonizar con esa frecuencia frágil y comienzan a percibir la agresividad con la que convivimos a diario. Así, se descubren sobresaltados con ruidos o situaciones a los que ya estaban acostumbrados.

Por otro lado, cualquier episodio traumático, comenzando por el nacimiento, deja un resto de estrés en el bebé. Las intervenciones médicas, que en general no se hacen con un respeto consciente por la delicadeza del ser que se está manipulando, también exasperan su sistema nervioso.

Los bebés tienen dos maneras de poner un freno al exceso de estímulos y de información que reciben: dormir y llorar. Dormir les permite bloquear, aislarse de los estímulos. Pero es probable que, igualmente, al despertarse, necesiten descargar mediante el llanto. Un ejemplo claro es cuando se lleva al bebé a un centro comercial o a una fiesta de cumpleaños. Es común que duerma durante todo el paseo, pero al llegar a su casa llore con todas sus fuerzas, ya que mientras duerme una parte del cerebro continúa en actividad, recibiendo estímulos externos.

Por eso, el llanto también es necesario y hay que aprender a reconocer cuándo es mejor acompañarlo, sin intentar calmarlo, simplemente sosteniéndolo para que se sienta libre, seguro y aceptado al limpiar su organismo del estrés emocional, físico o mental.

Señales de alarma

El llanto es un evento acústico que contiene información sobre el funcionamiento del sistema nervioso central. El estudio del espectro sonoro en el llanto del bebé revela matices útiles para el diagnóstico del desarrollo normal o anormal de distintos procesos en el niño. Para analizarlo, se establece una frecuencia funda-

mental, que representa la periodicidad de la vibración de las cuerdas vocales, y se observa la resonancia en el tracto vocal. Estos factores acústicos pueden dar claves sobre posibles enfermedades, lesiones o defectos estructurales del sistema nervioso.

Ciertas señales, como el incremento de la frecuencia fundamental —que rara vez excede los 550 a 600 Hz—, pueden indicar daño cerebral. Algunos cambios en el llanto son motivo de consulta:

– la frecuencia fundamental es más baja de lo normal,
– el llanto se convierte en uno con mayor tono, y el tipo de melodía cambia a varias formas,
– la frecuencia fundamental se hace más inestable,
– hay incrementos en el tono máximo y mínimo,
– hay cambios en la duración del llanto, así como en los valores máximo y mínimo del tono.

Estas modificaciones del llanto habitual requieren una revisión médica.

Si el pediatra no tiene respuestas, los padres pueden consultar a un especialista en neurología infantil, para investigar las irregularidades detectadas.

PLANO PSICOLÓGICO Y EMOCIONAL: ATERRIZAJE EN UN PLANETA SIN SENTIDO

Sigmund Freud, el padre del psicoanálisis, afirmó que la primera angustia del ser humano es la del nacimiento, un episodio que, por si fuera poco, se transforma en el molde para toda angustia posterior.

Siguiendo sus pisadas a través del laberinto de la mente humana, el pediatra y psicoanalista Donald Winnicott logró convertirse en un clásico en el estudio de la psicología de los bebés. Durante cuarenta años, Winnicott se abocó a la observación de bebés y madres en un hospital público de Londres, y sus textos ponen de relieve una cuestión fundamental y aterradora: los bebés se angustian porque están todo el tiempo al borde de la muerte.

Y no es una metáfora. A diferencia de otros seres vivos, el ser humano no nace preparado para sobrevivir por sí mismo. La distancia entre lo que necesitamos al nacer y las herramientas que tenemos para conseguirlo es gigante. Winnicott no se refiere sólo a una muerte física (por inanición, accidentes o congelamiento), sino también a la posibilidad de una muerte psíquica: la desaparición del sujeto, de un "yo" en formación. El recién nacido necesita que alguien le suministre las herramientas vitales y, a la vez, funcione como pantalla protectora ante el desborde de estímulos que lo bombardean. Está invadido por una cantidad de angustia excesiva, y su aparato psíquico todavía no puede procesarla. Este pánico es llamado "la angustia inconcebible". El bebé es incapaz de limitarla o definirla. De esta vivencia sólo puede rescatarlo la madre, o la persona que cumpla la función materna.

Otra de las formas en que se manifiesta la angustia inconcebible es la experimentación de una caída sin fin, de un hundirse en un pozo interminable, sin ningún punto de apoyo. Ésta es la sensación del bebé cuando no está sostenido, y es una impresión que perdura en la vida adulta y aparece esporádicamente en los sueños. Esta vivencia angustiante ante la falta de sostén se observa cuando los pediatras controlan el "reflejo de Moro" o "reflejo de pánico", chequeo posnatal que indica el normal funcionamiento del sistema nervioso central. Consiste en sostener al bebé y soltarlo en un movimiento súbito. El pequeño se asusta con todo su cuerpo: abre los brazos con las palmas hacia arriba y los pulgares flexionados, y presenta una mirada de sobresalto. A medida que el reflejo termina, retrae los brazos hacia el cuerpo con los codos flexionados y se relaja. Otro ejemplo de esta necesidad de contención se aprecia cuando el recién nacido repta en su moisés hasta que la cabeza toca las paredes: es su manera de ponerle un borde a la realidad. Sostener al bebé en los brazos, o armarle un huequito contenedor para dormir, hace que la vivencia de caer para siempre se acote, y pueda tolerarla.

Otro disparador de la angustia inconcebible es haber nacido en un mundo sin sentido. Los adultos damos por sentado el significado de las cosas, pero para quien no comparte un código de comunicación, las formas de este mundo no tienen una definición por sí mismas. La única manera de que el bebé tenga algo que ver con este mundo es que la mamá, o quien cumpla la función materna, se lo presente y traduzca. El modo en que se manipula a un bebé, se lo viste, se le habla, se lo acaricia, se lo baña, se lo toca, le enseña todo acerca del universo que lo rodea, y le permite integrar su psiquis con su cuerpo.

Winnicott define como "madre suficientemente buena" a la que es capaz de hacer de pantalla filtradora de estímulos, acompañar al bebé con el sostén, manipularlo y presentarle el mundo. Por estas vías la angustia del bebé se amortigua, y le permite sobrellevar algo que si no lo arrasaría: estar todo el tiempo al borde de la muerte.

¿QUIÉN ES EL QUE LLORA?

Bien visto, el nacimiento parece ciencia ficción: después de un viaje alucinante en su nave útero, el pasajero llega a destino y es desconectado de la unidad nodriza por unas insensibles y metálicas tijeras. Pero ese instrumento despiadado no es capaz de cortar los cordones más sutiles de la mente y los campos emocional, psicológico y energético de ambos. Al nacer, el bebé no se siente separado de la madre. Y ella, por más conciencia que tenga de que la criatura ya no está en su vientre, mantiene una conexión telepática y simbiótica las veinticuatro horas del día. Ambos dependen del otro para sentirse completos.

Al principio, la fusión madre-hijo es del ciento por ciento: es indistinto quién piense o sienta algo, ya que será vivenciado por los dos al mismo tiempo. Por lo tanto, para indagar en las razones del llanto del bebé, es preciso observar de cerca a su media naranja, la mamá.

Durante el nacimiento, la madre ingresa en un proceso personal trascendente. Dar a luz es una experiencia ancestral, salvaje y primitiva, la gran oportunidad que tiene una mujer para estar en contacto con lo más animal e instintivo de sí misma. Esta vivencia es muy concreta, porque ocurre en su cuerpo: toda su estructura orgánica es sacudida con una intensidad sísmica incontrolable. Aunque se haya utilizado anestesia, o el nacimiento haya sido por cesárea, ella lo siente al menos unos instantes, y con eso basta para que, desde el cuerpo, comience a recuperar memorias bloqueadas. Parir es la puerta de acceso a un proceso interno inevitable que deja al descubierto, uno a uno, los velos que la separan de la versión primordial de sí misma. A partir de este momento ya nada puede ser igual. Las acciones cotidianas, que funcionaban casi con piloto automático, pierden sentido y es casi imposible retomar la vida normal. La madre puede hacerlo y, de hecho, en nuestras sociedades la mayoría lo hace, pero a un costo físico, emocional y espiritual muy grande.

De una u otra manera, a sus procesos internos se suman una serie de crisis existenciales. La vida de la reciente madre del siglo XXI, a quien tanto trabajo le costó combinar en dosis exactas los mandatos de ser esposa y madre, tomar parte en la vida pública, ganar su sueldo, vivir creativamente y tener un cuerpo diez, entra en caos. Queda aislada del funcionamiento social que hasta ayer conformaba su realidad más próxima. Por más ayuda con la que cuente, la responsabilidad última sobre ese ser totalmente frágil queda a su cargo. Es posible que se le remuevan memorias y angustias relacionadas con su propio nacimiento, le surjan dudas sobre su capacidad para ser madre, y salgan a la luz culpas, culpas y más culpas. Su cuerpo queda antiestético, y lo más probable es que haya sido herida por rutina en el epicentro de su poder femenino: la vagina.

En el caso de las cesáreas, a la culpa por no haber dado a luz de la manera ideal, se suma la cicatriz punzante del otro representante por excelencia del ser mujer, el útero.

Todo este torbellino interno pertenece a la mamá, pero su bebé lo vive al mismo tiempo, debido a la fusión madrehijo. La pregunta que surge es: ¿cuánto de la mamá está llorando el bebé?

El enigma sólo puede responderlo cada madre, que al encontrar un espacio de trabajo interno (en sesiones de psicoanálisis o grupos de maternidad, por ejemplo) y relajar sus propias inquietudes podrá observar si hay cambios de actitudes en su hijo, y en qué medida se producen.

Vuelta al llanto primitivo

La terapia primal, surgida en la década del '60, combina herramientas de la psicología, la neurología y la biología. Su hipótesis principal es que todos los padecimientos de orden emocio-

nal, psíquico o físico tienen origen en un dolor reprimido durante la gestación, el nacimiento o la infancia temprana.

Debido a que el llanto se reprime, el dolor permanece enterrado, y aprovecha cualquier ocasión para salir a la luz. En el caso de los niños más grandes que son calificados como caprichosos o malcriados, habría que considerar qué circunstancias traumáticas atravesaron desde su gestación, y aún necesitan llorarlas con cualquier pretexto.

Siguiendo esta línea de pensamiento, nuestro llanto de adultos también tiene su origen en esta causa primaria. Casi siempre que lloramos por un suceso presente, conectamos con dolores del pasado que todavía requieren ser examinados y llorados en toda su magnitud.

Los terapeutas primales advierten sobre la represión sistemática del llanto: decirle al bebé que se calle, castigarlo, amenazarlo, quitarle el amor o la atención, distraerlo de lo que le ocurre, darle de comer, colocarle el chupete, burlarse, negar o minimizar su dolor, recompensarlo si deja de llorar, intentar que hable o se ría cuando quiere llorar.

La terapia primal enfatiza en la necesidad de acompañar el llanto del bebé con sostén y contacto físico.

PLANO MÍSTICO Y ENERGÉTICO: ESPÍRITUS EN UN MUNDO MATERIAL

Nuestro cuerpo no es una máquina sin voluntad propia, sino que está animado por esa fuerza intangible y misteriosa que nos permite vivir, sentir, pensar y crear. Este motor invisible a los ojos físicos es llamado de innumerables maneras, entre ellas espíritu, alma, energía universal, prana, Ser Superior, Tao, Dios. La dimensión espiritual de la naturaleza humana alcanza su máxima expresión en el proceso de gestación y nacimiento, mediante el cual el alma se hace carne para realizar su experiencia en el plano físico. En muchas tradiciones primitivas el parto es considerado un trance espiritual y místico: el cuerpo de la mujer es un canal que permite a un espíritu ajeno al suyo llegar a este planeta desde otros planos. Algunas expresiones aplicadas al nacimiento, como "alumbrar" o "dar a luz" tienen un correlato espiritual en el término "iluminación". Tanto la madre como el bebé acceden a los sentimientos más sublimes del ser humano: devoción, amor incondicional, adoración, los mismos que se adjudican al vínculo con la divinidad.

El nacimiento nos coloca ante los enigmas esenciales del ser humano: quiénes somos, de dónde venimos, por qué y para qué estamos en este mundo. Hasta el momento, la única respuesta científicamente comprobable para estos dilemas filosóficos y místicos es que somos una raza en permanente evolución. Y que estamos inmersos en un universo que, a su vez, también evoluciona en forma continua. Aunque es probable que la mente humana jamás acceda a los significados más profundos de la experiencia terrenal, es posible deducir que estamos en este planeta, en estas coordenadas de tiempo y espacio, en estas circunstancias, para evolucionar.

Esta espiral ascendente no es un tránsito sin fricciones. De hecho, el primer golpe de la realidad, y símbolo por excelencia de la evolución, se recibe junto a la primera inhalación de aire.

El trauma del nacimiento tiene relevancia central en todas las terapias, disciplinas y medicinas alternativas. Algunos terapeutas pusieron especial énfasis en su importancia. Stanislav Grof, el mayor exponente de la psicología transpersonal, caracteriza al nacimiento como una crisis evolutiva a la que denomina "emergencia espiritual perinatal". Sus conclusiones provienen de la investigación sobre la incidencia de este trauma en personas adultas, quienes participaron de experiencias de regresión al momento de su nacimiento. Los participantes expresaron que la vivencia fue la amenaza de muerte biológica, acompañada de una lucha por liberarse de formas muy incómodas de confinamiento. Describieron temores de enloquecer y de perder el control, combinados con destellos espirituales, percibidos como una poderosa apertura mística y una reconexión con lo Divino.

Ann Brenan, una física estudiosa del campo de la bioenergética humana, autora del libro *Manos que curan*, sostiene por sus experiencias de curación energética que muchos recién nacidos sufren porque se resisten a encarnar, ya que están aferrados a la condición sutil del espíritu. Cuando esto ocurre, se produce un desequilibrio energético en el bebé, que no le permite arraigarse en este plano. En estos niños, se observa el chakra corona muy abierto, y muy poca vitalidad en el chakra basal, responsables de la conexión con el cielo y la tierra, respectivamente.

Otra pope de la curación energética, Katrina Raphaell, coincide, y agrega que los bebés que más se resisten a asumir la tercera dimensión son aquellos que encarnan por primera vez en el planeta Tierra.

La medicina antroposófica, una rama del movimiento creado por Rudolf Steiner, considera al ser humano como una confluencia de su cuerpo físico, su campo vital y su espíritu, alma o yo. Según esta medicina, hay dos causas posibles de enfermedad. La primera se refiere a pensamientos y sentimientos materializados en dolencias orgánicas. La segunda se produce cuando el ser anímico-espiritual no llega a vincularse con el cuerpo físico.

La mayoría de las corrientes de curación energética coinciden en que el espíritu del recién nacido no está instalado permanentemente en su cuerpo desde que asoma al mundo, sino que es un proceso de arraigamiento que se inicia al nacer, y que puede durar entre ocho meses y diez años. Las enseñanzas del Reiki agregan un factor ancestral al llanto del bebé: éste puede provenir de las angustias y heridas no resueltas de hasta cuatro generaciones de las ramas familiares de la mamá y del papá. ¡Buááááá!

PLANO EVOLUTIVO: EL LLANTO DEL BEBÉ PUEDE CAMBIAR EL FUTURO

Los estudiosos de la vida prenatal afirman que en las ecografías es posible advertir gestos de disgusto que, en un recién nacido, significarían llanto. Esto quiere decir que los seres humanos lloramos, incluso, dentro de la acolchada perfección del útero. Es que llorar está en nuestra naturaleza. De bebés, lo hacemos ante cualquier tipo de incomodidad —gases, hambre, mosquitos o angustias de vidas pasadas— porque el llanto es un reflejo neurológico. Pero pronto nos damos cuenta de que, si nos hacemos oír, alguien nos responde, mamá o la persona que cumple su función. Así, el reflejo neurológico se transforma en la varita mágica que hace aparecer cualquier objeto de deseo o, al menos, el objeto que resume todos los deseos, la teta. Cuando la varita mágica falla, la frustración detona en una tormenta de angustia y lágrimas.

En las respuestas que los adultos ofrecemos a las demandas y frustraciones del bebé se pueden rastrear los mecanismos que sostienen a las sociedades en las que habitamos.

La primera diferencia entre una sociedad pacífica y solidaria, y otra caníbal y guerrera, se observa en su comportamiento hacia los recién nacidos.

En este sentido, continúan vigentes las investigaciones antropológicas de Margareth Mead, quien en la década de

1920 se internó en los rincones salvajes de Nueva Guinea y convivió con dos grupos étnicos primitivos, casi vecinos, cuyas costumbres no pueden ser más disímiles.

Los arapesh mantienen una cultura que la investigadora considera humanista e igualitaria. Tanto hombres como mujeres tienen una personalidad maternal. Los bebés son criados cuerpo a cuerpo por ambos. Aunque se los estimula para que coman alimentos sólidos desde muy temprana edad, reciben el pecho hasta los cuatro años, "para mitigar su angustia y dolor". Durante los primeros meses de vida, el niño está siempre cerca de alguien que lo atiende. Si es irritable, lo llevan de manera que pueda tomar el pecho constantemente, lo cual lo calma con toda rapidez. Los bebés arapesh están siempre a upa. Cuando la madre camina, lleva al niño suspendido en el frente de su cuerpo en un pequeño saco especial de red, o bajo uno de sus pechos en un cabestrillo de corteza. Un niño que llora es una tragedia que se debe evitar a toda costa. Los niños arapesh son estimulados constantemente en una dirección positiva. Según Mead, "es fácil encontrar en el extremo de una aldea a un niño que grita furioso, y a su padre que dice con orgullo: 'Vean, mi hijo grita continuamente… ¡es vigoroso y fuerte como yo!' Y en el otro extremo, a un pequeño de dos años sufriendo estoicamente la dolorosa extracción de una astilla en su frente, mientras su padre, igualmente orgulloso, dice: 'Vean, mi hijo nunca llora, es fuerte como yo'."

A pocos kilómetros de este polo de paz, pero en el extremo de la experiencia humana, habitan los mundugumur, una tribu salvaje y asesina. Cada bebé, desde que nace, es sometido a un entrenamiento intensivo que lo convertirá en un caníbal guerrero. "Parecen una sociedad que no buscara reproducirse —afirma Mead—. El niño mundugumur ve la luz en un mundo abrumador, constantemente dispuesto para la hostilidad y el conflicto. Casi desde el nacimiento comienza su preparación para una vida desprovista de amor. Los niños muy pequeños se colocan en una canasta portátil de un tejido muy apretado y áspero, que las mujeres llevan suspendidas en el frente de su cuerpo, tal como las arapesh. Pero mientras la bolsa de red arapesh es sensible y adaptable al cuerpo de los bebés, ésta es áspera, tiesa y opaca. El cuerpo del niño debe acomodarse a las rígidas líneas de la cesta, y yacer acostado con los brazos prácticamente maniatados a sus costados. La cesta es demasiado gruesa para permitir que pase el calor del cuerpo de la madre, el niño no divisa sino un delgado hilo de luz que se filtra en ambos extremos. Las mujeres llevan a los bebés únicamente cuando van de un lado al otro. La mayoría de sus paseos son cortos, y cuando llegan prefieren dejarlos en la casa, colgados en la habitación. Cuando el niño llora, no se lo alimenta enseguida. Por el contrario, alguno de los presentes acude al método común de calmar a los niños intranquilos. Sin mirarlo ni tocarlo, la madre u otra mujer, o la muchacha que lo cuida, comienza a raspar con las uñas el exterior de la canasta, haciendo un ruido áspero y rechinante. Si el llanto no cesa, entonces se le da de mamar (...) Las mujeres alimentan a sus hijos de pie, sosteniéndolos en una mano en una posición en la que se estira con esfuerzo el brazo de la madre y se maniatan los del niño." Aquellos que no son capaces de aprovechar los minutos permitidos para beber la leche con la cual resistirán las próximas horas, fallecen, y esto es una causa común de mortandad entre los mundugumur. Los fuertes, los que sobreviven a todos los maltratos, pasan a formar parte de una sociedad donde el odio y el resentimiento son la regla.

El hombre primitivo late en nuestras sociedades de hoy. Si miramos a nuestro alrededor, poniendo atención a cómo son recibidos y tratados los recién nacidos, es posible reconocer los condicionamientos con que moldeamos a los hombres y las mujeres que construirán la trama del mañana.

Las estadísticas confirman que los bebés que lloran tienen más posibilidades de ser maltratados por los adultos, lo cual tiene incidencia negativa en sus posibilidades de desarrollo como persona integral y como sujeto social. De ahí la importancia de relacionarnos con los recién llegados de una manera amorosa, positiva y facilitadora del encuentro, con conciencia de que cada acto o gesto hacia el bebé programa el futuro de su propio mundo y el del planeta.

Desde la crianza, los adultos tenemos la posibilidad de dirigir el timón evolutivo hacia nuevas, cálidas y pacíficas costas. Sin prejuicios, sin tabúes, dejando que las manos más pequeñas queden a cargo del rumbo. ¡Hacia el arco iris!

Recursos exprés
para llantos desbordados

Considerando que las causas del llanto del bebé tienen un origen multidimensional, los recursos que propone este libro provienen de las más variadas corrientes curativas y de los consejos de personas expertas, como pediatras, neonatólogos, abuelas, terapeutas energéticos, padres, madres, psicólogos, nutricionistas, curanderos, estimuladores y muchos otros.

A continuación se ofrece una descripción del sustento de los métodos seleccionados. El discernimiento y el saber intuitivo de los adultos son la clave para elegir la herramienta adecuada para cada necesidad, a partir de la escucha y la observación atenta del bebé.

- *Si alguna de las sugerencias propuestas genera dudas, lo más prudente es no utilizarla hasta chequearla con el pediatra del bebé. Así podrá ganarse confianza para usar con certeza los eslabones correctos para cada situación, sin manejarse desde el miedo.*
- *Todas las recomendaciones de este libro fueron sugeridas y revisadas por profesionales. Para ponerlas en práctica, es necesario respetar las medidas y el modo de administración indicado, y así evitar posibles reacciones indeseadas.*
- *Todas las recetas y dietas se recomiendan para bebés de más de seis meses, ya que antes de este período lo mejor es que **únicamente** ingiera leche de madre.*
- *Todas las indicaciones surtirán efecto si la mamá las pone en práctica, ya sea una medicina para el cuerpo físico, sutil o energético.*

MEDICINA CONVENCIONAL

La tendencia actual en pediatría es minimizar el uso de medicación para las molestias y enfermedades usuales en bebés y niños pequeños. En este sentido, la nutrición es una herramienta cada vez más relevante en el manejo y el control de los procesos corporales, neurológicos y emocionales. Con frecuencia, es la primera línea de tratamiento considerada, y la única especialidad médica accesible a los padres o cuidadores del bebé.

Nutrición

La dieta ofrece información inmediata al cuerpo. Los alimentos pueden lograr que el bebé, al absorber los nutrientes, se sienta pleno y energizado; o dejarlo cansado, movedizo o irritable. Esto convierte a la nutrición en una aliada natural para limitar la influencia del estrés y de los molestos atacantes del sistema inmunológico de los pequeñitos.

Mientras el bebé es lactante, recibe absolutamente todo lo que la mamá ingiere. Por lo tanto, las recomendaciones de nutrición son válidas para ella.

MEDICINA ALTERNATIVA Y COMPLEMENTARIA

Así se define a un conjunto diverso de sistemas, prácticas y productos médicos y de atención de la salud que no forman parte de la medicina convencional. Muchos tienen origen en medicinas ancestrales o en descubrimientos contemporáneos acerca de campos energéticos.

Si bien existen algunos datos científicos contundentes sobre las terapias de la medicina complementaria y alternativa, en general son los usuarios de estas terapias quienes comprueban sus resultados positivos en forma experimental.

La **medicina complementaria** se utiliza juntamente con la medicina convencional. Un ejemplo de terapia complementaria es el uso de aromaterapia para ayudar a mitigar la falta de comodidad del paciente después de la cirugía.

La **medicina alternativa** se emplea en lugar de la medicina convencional. Un ejemplo de una terapia alternativa es la utilización de hierbas en lugar de productos farmacéuticos para tratar un resfrío.

La lista de lo que se considera medicina complementaria y alternativa cambia continuamente. En muchos casos, si se comprueba la eficacia de alguna indicación o tratamiento, éste se incorpora a la práctica convencional.

Las medicinas complementarias y alternativas (MCA) que se presentan en este libro son:

Hierbas

En la medicina herbal se utilizan hojas, flores, raíces y tallos para aliviar síntomas y curar enfermedades. La herboristería es una de las formas más antiguas de medicina, y su historia está íntimamente ligada a la medicina moderna, ya que muchos componentes de las plantas son sintetizados en los laboratorios farmacéuticos.

Las preparaciones con hierbas naturales son bien toleradas por los bebés y niños, ya que actúan con mucha suavidad. Siempre hay que comenzar ofreciéndole al bebé una cantidad pequeña y observar qué efecto le produce. Aunque no es frecuente, algún niño puede manifestar sensibilidad a cierta hierba. Las reacciones negativas incluyen dolor de cabeza, molestias estomacales o erupción. Si aparece alguno de estos síntomas, hay que interrumpir el tratamiento herbal.

Si la respuesta es positiva pero la reacción es muy intensa, hay que disminuir la cantidad; por ejemplo, si se le da al bebé una hierba para la constipación y se afloja demasiado. Las hierbas pueden prepararse de varias maneras como medicina. Algunas, como las tinturas y los extractos, pueden

Puntos de digitopuntura en el bebé

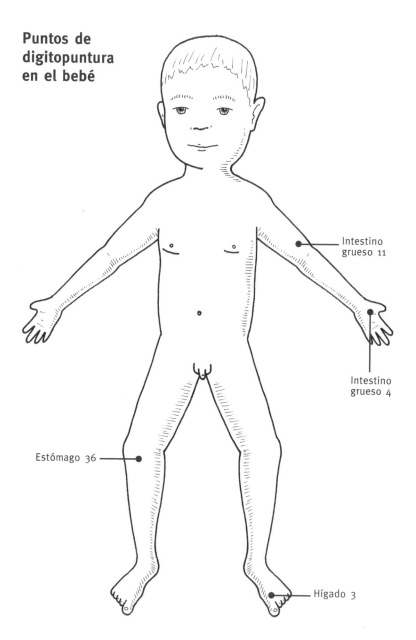

Intestino grueso 11

Intestino grueso 4

Estómago 36

Hígado 3

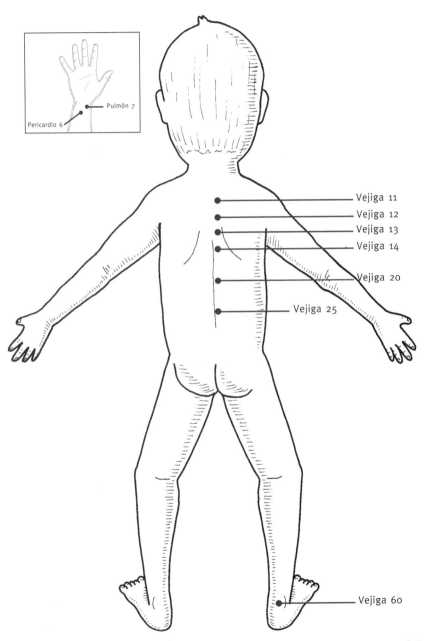

Pericardio 6

Pulmón 7

Vejiga 11
Vejiga 12
Vejiga 13
Vejiga 14
Vejiga 20
Vejiga 25
Vejiga 60

45

contener alcohol, por lo que no se recomiendan para bebés y niños. Las cápsulas y tabletas, aunque en su mayoría no tienen conservantes, pueden provocar atragantamiento.

Las formas de administración más adecuadas para los pequeños son las infusiones y los baños, ya que las hierbas también actúan a través de la piel.

Es importante usar hierbas orgánicas: los pesticidas y agroquímicos permanecen en la estructura de las plantas y son contrarios a su efecto curativo. Lo ideal es tener una huerta saludable simple en la propia casa: una terraza o balcón es suficiente para cultivarlas.

Digitopuntura

La digitopuntura es una especialidad de la medicina china derivada de la acupuntura. Su acción es eficaz y no invasiva: mientras que en la acupuntura se utilizan agujas para estimular puntos del cuerpo, en la digitopuntura la presión se efectúa con los dedos.

Esta antigua práctica curativa está basada en el principio fundamental de la filosofía china, que es el concepto del yin y el yang. El yin y el yang son dos fuerzas enlazadas, opuestas y a la vez complementarias. El yang es la fuerza masculina, activa, solar. El yin representa la energía femenina, receptiva, y está simbolizada por la luna. Nada es totalmente yin o yang, sino que todos los seres y todas las cosas contenemos en nuestro interior ambos principios.

Para la medicina china, el ser humano, como todo lo viviente, está compuesto por cinco elementos: madera, fuego, tierra, metal y agua. Cada elemento corresponde a un aspecto del cuerpo (órganos, sentidos, tejidos, emociones) y también a aspectos de la naturaleza (punto cardinal, estación, color y clima).

El objetivo de la digitopuntura es equilibrar los cinco elementos y el yin y el yang de cada persona, para lograr una salud armónica. Esto se consigue mediante una buena circulación del *chi*, o energía vital, en el cuerpo humano. La energía vital puede estar estancada o excesivamente estimulada en determinados puntos del cuerpo que la medicina china denomina meridianos. Estos puntos están alineados en cadenas energéticas que recorren el cuerpo, de manera que un punto afectado repercute inevitablemente sobre otros órganos.

Para aplicar digitopuntura:
- Se recomienda buscar un momento y un espacio relajados, para tocar al bebé con un estado anímico calmado y sin apuros.
- Usar la yema de los dedos y la palma de la mano. Nunca las uñas.
- Trabajar los puntos de digipuntura en el lado derecho e izquierdo del cuerpo al mismo tiempo.
- La presión justa se percibe en el límite de cuando empieza a ser dolorosa, pero no debe lastimar. Debe ser firme, pero gentil.
- Localizar el punto y aplicar presión con la yema de los dedos de manera continua durante uno a cinco minutos.
- Otra manera es aplicar presión por diez segundos, y luego descansar diez segundos, repitiendo este ciclo cinco veces.

Aromaterapia

El aceite extraído de algunas plantas tiene propiedades relajantes y también alivia algunos síntomas corporales. El uso de los aceites esenciales en el estímulo de salud física y espiritual se remonta a la antigua China.
La fragancia de los aceites esenciales afecta la parte del cerebro que controla la memoria, la emoción y los niveles hormonales. Algunos aceites son absorbidos por la piel y transportados por la sangre y la linfa.

Los aceites se pueden aplicar:
- En el baño del bebé. Agregar tres gotas de aceite esencial al agua caliente de la bañadera.

- En compresa. Agregar tres gotas en un bol con agua. Sumergir un parche limpio de algodón. Escurrir y aplicar sobre el área afectada.
- En el ambiente. Colocar tres a cinco gotas en un hornito con agua y encender una vela debajo para que el aroma se esparza en el ambiente.

Remedios florales

Las flores de Bach y de California actúan sobre el equilibrio de las emociones. Se trata de esencias diluidas de plantas que captan su energía curativa. Este método fue desarrollado por el doctor Edward Bach, quien consideraba que los problemas físicos tenían su origen en el plano emocional.

Los remedios florales son inocuos, suaves y fáciles de usar. Tienen una acción comprobable en el temperamento, y la tranquilidad mental y emocional.

Las esencias florales comunes utilizan alcohol para su conservación. Para los bebés, se reemplaza este conservante por glicerina vegetal. Siempre avisar en la farmacia que la preparación es para un bebé.

Los remedios florales se pueden aplicar de varias maneras:
- Colocando dos gotas en la boca del bebé.
- Frotando dos gotas en la piel de la zona afectada. Si es un estado emocional, en el pecho. También en el centro de las palmas de las manos o de los pies.
- Pueden añadirse diez gotas al baño del bebé.
- Las flores se pueden usar en un rociador ambiental en el dormitorio del bebé.
- La mamá puede colocarse dos gotas en cada pezón.
- En forma de crema. La crema de Bach es una preparación homeopática neutra de origen no animal, no grasa. Siempre lleva una base de Rescue Remedy y Crab Apple, las flores que activan el proceso autocurativo del cuerpo. A esta base pueden agregarse otras flores y usarla para untar la piel del bebé.

48

- Las esencias trabajan con mayor efectividad cuando se toman a intervalos rítmicos, dejando pasar al menos una hora antes de comer. El ritmo promedio es de dos gotas seis veces por día. En situaciones de emergencia, la frecuencia puede ser incrementada hasta que la tensión disminuya.

Osteopatía

La medicina osteopática pone especial atención a los movimientos del cuerpo, desde las articulaciones hasta la circulación sanguínea, pasando por los órganos y nervios, para detectar desequilibrios imperceptibles a la mirada clínica.

En sus tratamientos no se utiliza medicación, sino manipulaciones de los huesos y las articulaciones del cuerpo, para corregir las causas que provocan deficiencias en el bienestar del bebé.

La consulta osteopática es una buena alternativa para desbloquear las memorias del trauma del nacimiento impregnadas en la estructura ósea del bebé. Mediante manipulaciones muy sutiles, el profesional corrige las posiciones y los movimientos imperfectos provocados por el parto, y también se reacomoda el sacro de la mamá.

Respiración

Es el símbolo de la evolución y nuestro primer acto fuera del útero. Diferentes técnicas proponen hacerla consciente para alcanzar la paz interior y una salud óptima.

Chakras del bebé

Los chakras son los "cuerpecitos de luz" del bebé, y aprender a estimularlos o aquietarlos es útil para equilibrar su tono energético.

Los chakras se manifiestan como ruedas energéticas que conectan el cuerpo físico con los sutiles. Su función principal es tomar energía proveniente del universo y distribuirla en el cuerpo físico, lo que hacen, principalmente, a través de las glándulas.

El conocimiento de los chakras procede de la India, país considerado uno de los polos sagrados del mundo, y que tiene larga tradición en medicina física y energética. De acuerdo con la visión hinduista, el ser humano tiene al menos cuatro cuerpos rodeando el físico: el etérico, el emocional, el mental y el espiritual. Todas las enfermedades son causadas primero en estos cuerpos sutiles y, al no reconocerlas y tratarlas, se materializan en el físico.

Según la doctrina del yoga, hay setenta y cuatro chakras o puntos vitales. Los principales son siete, cada uno de ellos con su función específica, pero unidos unos con otros. Los chakras principales conectan al ser humano con la energía terrestre, a través del primer chakra —localizado entre los genitales y el ano—, y con la fuente celestial, mediante el séptimo, ubicado sobre la corona del cráneo. Se superponen a lo largo del *sushumma*, un canal por cuyo interior circulan las energías físicas y psíquicas del hombre. El *sushumma* recorre la columna vertebral, desde la parte más baja de la espalda hasta la parte más alta de la cabeza. También hay chakras menores en las plantas de los pies, las palmas de las manos, los pechos, las rodillas y otras partes del cuerpo.

Los cólicos del bebé son un ejemplo claro del funcionamiento del sistema energético humano. El plexo solar o Manipura es uno de los chakras principales. Se localiza dos dedos por encima del ombligo y está relacionado energéticamente con el páncreas, el hígado, la vesícula biliar y el intestino. En el plexo solar se procesan las emociones y se distribuye la energía física. Cuando los bebés están superados por emoción o estrés, lo primero que se bloquea es este chakra. Es una de las causas por las que las tensiones se reflejan en cólicos intestinales.

La resistencia de los bebés a encarnar tiene un correlato en el sistema de los chakras: el Sahasrara, séptimo chakra, conecta con los planos espirituales más supremos, y se encuentra

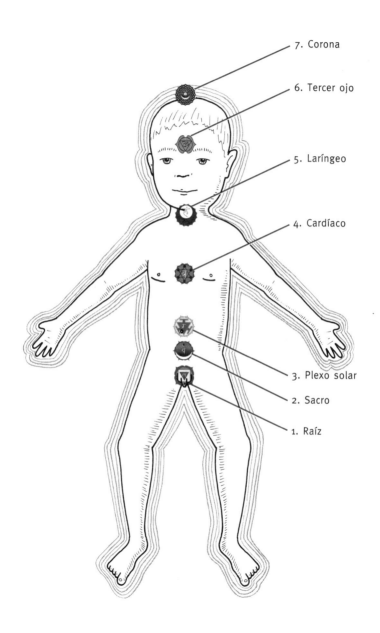

7. Corona

6. Tercer ojo

5. Laríngeo

4. Cardíaco

3. Plexo solar

2. Sacro

1. Raíz

muy expandido al nacer y en el tiempo inmediatamente posterior. De hecho, pasan varios meses hasta que los huesos del cráneo del bebé (sobre el cual está localizado este centro vital) se articulan de una manera firme. Los bebés que tienen conflictos para encarnar también tienen bloqueado el primer chakra, encargado de anclarnos en tierra firme.

Los siete chakras principales son:

1 Muladhara o Raíz. Significado: raíz, fundamento. Situado entre los órganos genitales y el ano. Es un imán que nos conecta con la Tierra. Aloja los instintos de supervivencia, los hábitos y la capacidad de autosustentarse. Actúa sobre las glándulas suprarrenales, las vértebras sacras, los riñones, la vejiga, y la parte final del intestino. Color: rojo. Mantra: Lam. Palabra clave: "Tengo".

2 Swadishthana o Sacro. Significado: dulzura, morada del Ser. Está localizado un poco más arriba, sobre el hueso pélvico en el frente y, por detrás, en el sacro. Se relaciona con los órganos excretores y reproductores y con el nervio ciático. Su elemento es el agua. Activa los poderes psíquicos y las intuiciones. Color: naranja. Mantra: Vam. Palabra clave: "Siento".

3 Manipura o Plexo solar. Significado: diamante. Situado en la región lumbar, a la altura del ombligo, actúa proveyendo energía al hígado, el bazo, el estómago, los riñones y la vista. Está relacionado con la mente racional, la voluntad, el poder y la autocuración. Juega un papel muy importante en las relaciones interpersonales. Su elemento es el fuego. Color: amarillo. Mantra: Ram. Palabra clave: "Puedo".

4 Anahata o Cardíaco. Significado: intacto, sonido no causado. Situado en el centro del pecho, al nivel del corazón. Es el núcleo de todo el sistema de chakras. Conecta los tres centros inferiores, físicos y emocionales, con los tres superiores, mentales y espirituales. Su elemento es el aire. Desarrolla la capacidad de amar y el sentido de la armonía. Vitaliza el timo, el corazón, el aparato respiratorio, el nervio vago y las vértebras torácicas superiores. Color: verde. Mantra: Yam. Palabra clave: "Amo".

5 Vishuddha o Laríngeo. Significado: pureza. Situado a la altura de la garganta. Actúa sobre las glándulas tiroides y paratiroides, los órganos del habla y la escucha y las vértebras cervicales. Su elemento sutil es el éter. Se relaciona con la creatividad, la capacidad de recibir y asimilar, y es responsable del rejuvenecimiento. Color: azul. Mantra: Ham. Palabra clave: "Escucho".

6 Ajna o Tercer Ojo. Significado: percepción, orden. Está situado en el interior del cerebro, a la altura del puente de la nariz, entre las cejas. Está conectado con la glándula pituitaria. Es el asiento de los poderes mentales superiores. En este centro se aloja la Conciencia del Sí Mismo. En el plano físico, comanda el sistema nervioso central. Color: azul índigo. Mantra: Om. Palabra clave: "Veo".

7 El Sahasrara o Corona. Significado: Loto de mil pétalos. Situado en la parte superior del cráneo, en la glándula pineal, se relaciona con las facultades más elevadas del espíritu. Su activación otorga felicidad, entendimiento, libertad, autorrealización, más allá de las contingencias materiales. Color: violeta. Mantra: silencio. Palabra clave: "Soy".

En el centro de cada mano se localizan dos importantísimos chakras llamados chakra de la mano izquierda y chakra de la mano derecha. Además, hay un chakra minúsculo en cada dedo, y otros chakras más pequeños, en la palma y el dorso de la mano. En los pies, la disposición de los chakras es similar.

Estos chakras tienen resonancia en los planos emocional, espiritual y mental del bebé.

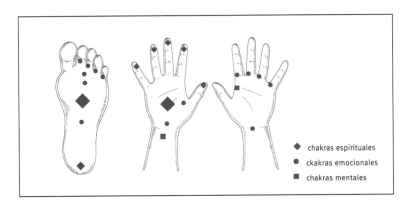

◆ chakras espirituales
● ckakras emocionales
■ chakras mentales

MÁS RECURSOS

 ## Sabiduría popular

Hay métodos para calmar bebés que se transmiten de generación en generación, y nadie se atreve a refutar. Provienen de tradiciones aborígenes, de la mitología, de una sabiduría natural e instintiva, y también hay secretos comprobados a lo largo de siglos de experimentación.

54

Mística

Cuando nada se puede hacer en esta dimensión para calmar a un bebé, siempre queda la posibilidad de una incursión al milagroso territorio de los guardianes celestiales, la percepción y los símbolos.

Dicen los que saben...

Testimonios de sabiduría familiar obtenida a fuerza de horas de bíceps, mantras, ensayos y errores para calmar bebés. La nueva generación de padres, ¡agradecida!

El consejo experto

Recomendaciones de especialistas de las más diversas áreas: músicos, masajistas, nurses, enfermeras, gemoterapeutas, y toda una legión dispuesta a derramar su conocimiento y amor sobre los humanos más pequeños del planeta.

Sonido

La música tiene un efecto relajante en el cerebro primitivo y en los cuerpos energéticos. Secretos para sacarse una buena nota.

Varios

Ideas, trucos, soluciones antiestrés y mucho más...

Botiquín de emergencia
para adultos en crisis

Encontrar la paz interior mientras se cuida a un bebé es un desafío digno de lamas zen. Pero, mientras ellos tienen la opción de irse a una montaña, los simples padres mortales debemos conformarnos con la plaza más próxima, y siempre que no haga mucho frío. Lo mejor es tomárselo con calma, y además no queda otra: la alteración sólo conduce a la catástrofe. Antes de intentar calmar a un bebé, es imprescindible serenarse uno mismo. Los siguientes recursos son aliados estratégicos en el camino de la iluminación parental. Ommmmm...

RECURSOS HUMANOS

Doulas

Una doula es una mujer que tiene experiencia y formación para ayudar en todo el proceso del nacimiento, desde la gestación hasta los primeros tiempos del bebé. Su tarea consiste en brindar soporte continuo, información y apoyo emocional y físico a la familia del recién nacido, en especial a la madre.

Conoce y sabe resolver todos los requerimientos del posparto, la lactancia y los mecanismos emocionales que se involucran en este período. Además, colabora con el cuidado de la casa y los demás hermanos. La doula mantiene una disponibilidad total, por lo que es posible llamarla a cualquier hora para solicitar auxilio.

Grupos de crianza

En todas las ciudades hay grupos de madres y padres de niños entre cero y siete años que se reúnen una vez por semana para apoyarse mutuamente en el sostenimiento de una buena crianza. En las reuniones se plantean dudas, temores, situaciones a resolver, y los padres comparten información de primera mano. En los grupos, la consigna es no juzgar, por lo que hay piedra libre para plantear cuestiones difíciles de admitir en otros espacios. Las reuniones están coordinadas por especialistas en crianza.

La red humana

El sostén concreto de la familia, amigos y personas de confianza puede aliviar mucho la intensidad del requerimiento del bebé en sus primeros tiempos. Las personas cercanas pueden colaborar, por ejemplo, llevando comida preparada para la heladera de la nueva familia, cuidando al bebé mientras la mamá se baña, o acompañándola si tiene que salir con el recién nacido. Una persona que colabore en las tareas de la casa quita un gran peso de cansancio y estrés.

La red virtual

Internet es una herramienta práctica y terapéutica. Hay muy buenos sitios de crianza, y casi todos tienen un foro, donde los padres y las personas a cargo del bebé pueden resolver sus inquietudes, ya sean emocionales o prácticas, las veinticuatro horas. En la sección "Fuentes" de este libro hay un breve listado de sitios interesantes en español (véase página 271).

CALMA INTERIOR

Alimento para el relax

La avena, el trigo, la cebada, el arroz integral, las bananas y los dátiles serenan la mente y alivian la tensión muscular. Las especias suaves, como canela y cardamomo, potencian su efecto.

Hierbas buenas

Muchas plantas tienen efecto relajante sobre la mente y el cuerpo. Entre ellas, la manzanilla, el tilo, la menta, la melisa o toronjil y la hierba gatera. Para realizar infusiones, agregar agua hirviendo a un puñado de hojas frescas, dejar reposar quince minutos. Colar y beber.

Las infusiones a base de flores son un bálsamo para los estados emocionales alterados. Para preparar un té de flores de pensamiento y manzanilla, colocar media cucharadita de cada flor en un recipiente, y agregar 250 ml de agua hirviendo. Tapar quince minutos y beber endulzado con miel.

Respiración

Cuando hay tensiones, la respiración se torna superficial y acelerada. Una manera de aflojar el estrés es recuperando el ritmo del aire que entra y sale por la nariz. Para lograrlo, basta dedicar cinco minutos de atención interna al siguiente ejercicio:

- Observar cómo entra y sale el aire, tomando conciencia de la expansión de los pulmones.
- Hacer una inhalación profunda, llevando el aire hasta el abdomen. Enderezar la postura corporal.
- Exhalar.
- Repetir tres veces.
- Continuar respirando normalmente, prestando atención a los cambios producidos, con la intención de mantenerlos.

Y las penas se van cantando...

La música es una palanca automática que abre la compuerta de todas las emociones. Para liberar estados de ánimo a punto de estallar, basta con escuchar los primeros acordes de una canción que provoque sentimientos, y dejar que el ritmo de la música conduzca a una canalización adecuada del estrés. En algunos casos, será música para llorar; en otros, un baile descalzo y frenético. De esta manera, también el bebé aprende que puede haber llanto y tensión, pero que hay una manera de liberarlos con naturalidad, sin necesidad de agregarle drama.

Automasaje de pie

La zona del pie que refleja el sistema nervioso es la parte superior de la yema de los dedos gordo, segundo y tercero. Masajear con presión circular para liberar las tensiones acumuladas.

Con los chakras en paz (ver ilustración en página 54)

Masajear los chakras de las manos, según la crisis remueva el plano emocional, mental, o haya ascendido al grado de existencial. Por las dudas, masajear todos.

Flores maternantes

En el sistema de California, Mariposa Lily es la flor para los conflictos con la figura materna. La utilizan las madres, para trabajar con la liberación de patrones de crianza heredados de la tradición familiar. Ayuda a revisar los conflictos del vínculo actual con la maternidad, tanto si son por distanciamiento con el bebé o por un apego y dependencia excesivos. Estimula el instinto maternal, y se utiliza para curar heridas de la relación con la propia madre.

CURACIÓN ENERGÉTICA

Las heridas de la episiotomía y la cesárea también dejan huellas en los planos etéricos, lo cual puede percibirse como falta de vitalidad, inseguridad y mal humor. A pesar de que los puntos cicatricen en pocos días, es necesario cerrar la brecha del circuito energético. Una sesión de reiki puede acelerar el proceso curativo.

DICEN LOS QUE SABEN...

La manera de papá

"Me hago a la idea de que en algún momento va a pasar, no es que va a llorar toda la vida. Igual, me doy cuenta de que para mí es más fácil que para mi mujer", Gabriel.

"Si se me complica, llamo a algún amigo disponible, y le pido que me acompañe a la plaza con el baby", Rubén.

"Me sirve hablar con amigos que considero buenos padres", Claudio.

"La primera vez que Theo lloró fuerte, le hice upa y lo dejé que descargara, sin intentar calmarlo", Ricardo.

La manera de mamá

"Cuando Tadeo lloraba y yo no daba más, lo dejaba bien seguro en la cuna, ponía la pava para preparar un tilo y me daba un baño en el tiempo que el agua tardaba en hervir. Eran cinco a diez minutos. Salía del baño, hacía el tecito y volvía a quedarme con Tadeo, ya renovada. Me venían bien estos recursos, porque yo sentía que tenía que quedarme ahí, no dejarlo llorar. Pero, si yo me desbordaba, él se alteraba más todavía", Verónica.

"Los primeros meses, Juana lloraba mucho, pero muchísimo. Alguien me pasó el dato de una pediatra de bastante edad, así que la llamé y pedí una cita. Llegué muy alterada a la consulta —por supuesto Juana ahí se quedó dormida, justo cuando yo quería que llorara—. Le conté la situación a la doctora, ella se puso a escribir una receta, me la dio y decía 'Tilo'. Ilusionada, le pregunté: '¿Qué dosis le doy?'. Me contestó: 'No, mamá, el tilo es para usted'. Suena simple, pero a mí me hizo un click. Tomé una actitud menos dramática", Evelyn.

"Lo que más me sirvió fue contar con mi familia. Creo que cuando nació Romina valoré por primera vez vivir a pocos pesos de taxi de la casa de mi mamá", Silvana.

"Para recuperar la calma, bajo la guardia, y si estoy con alguien más, pido un mimo, un abrazo... Eso me afloja y me puedo reír un poco", Marina.

"A veces me calmo y a veces lloro", Leticia.

"Para no perderme, recuperé espacios propios en cuanto pude. Tomé flores, recibí masajes, leí, fui a la peluquería...", Jackie.

Una pequeña ayudita de los amigos

Calmar a un bebé a menudo requiere un talento sobrehumano. Los siguientes agentes superpoderosos son los más invocados para esta selecta misión. Rezar para creer.

- *Virgen María: es la Madre por excelencia. Fuente de consuelo para la reciente mamá y para el bebé. Sus atributos son dulzura, paciencia, conocimiento perfecto de la materni-*

dad. Sostiene el concepto inmaculado del bebé, o sea, su esencia más pura. Se invoca su manto para proteger al bebé de influencias negativas y daños.

- Kwan Yin, "La que oye el llanto del mundo". Es la deidad más amada en el Extremo Oriente, y su figura trascendió todas las fronteras. Su atributo principal es la compasión. Su promesa es que rescatará a cualquiera que acuda a ella en momentos de crisis. A Kwan Yin se le pide por la disolución del karma de los recién nacidos, por el trauma del nacimiento, y por protección.

- La Sagrada Familia: ayuda a mantener la paz en el hogar y a encontrar una manera perfecta de relacionarse con el bebé. Es sostén de la armonía, la prosperidad y el amor en el hogar.

- Pachamama (del quechua: Pacha = universo, mundo, tiempo, lugar. Mama = madre). Es la Madre Tierra del mundo andino. Se la invoca para curar dolores, para ordenar los ritmos naturales, y como inspiración para la función materna. Requiere agradecimiento, para que sus atributos no se negativicen.

- Ángel de la guarda: según diversas tradiciones, el ángel de la guarda es el custodio que Dios envía a la Tierra para velar por cada persona que nace. Se lo invoca ante cualquier sufrimiento, para el descanso del bebé y para inspiración.

PRIMERA PARTE

Al rescate en el mar de lágrimas

Herramientas inspiradoras para pasar de la congoja al suspirito

Contando hasta 101

El llanto es un canal de comunicación, y siempre indica malestar. Para comprender de dónde proviene la incomodidad del bebé, muchas veces se trata de probar alternativas hasta dar en la tecla que sintoniza con su necesidad.

Mientras tanto, cada aproximación es una huella en la exploración del camino que conduce al entendimiento mutuo.

RECOMENDACIONES GENERALES PARA MANTENER LA CALMA

- Los recién nacidos disfrutan de la posición sentada. Se los nota más tranquilos, más relajados, más alertas y en un contacto con su entorno más real que en la continua posición de acostados.

- El bebé necesita tiempos claros para organizarse mentalmente. Prestar atención a las variaciones de su ritmo (está más activo, más dispuesto a recibir contacto) es la clave para establecer rutinas que funcionen.

- Hablar con el bebé, contarle todo lo que ocurre, aunque parezca que no entiende. Saludarlo al llegar y al partir. Darle el lugar de importancia que se merece en la familia, para que se sienta incluido y contenido. Al hablarle, hacerlo también con gestos, señas y expresiones, teniendo en mente que el bebé es un recién llegado al que hay que enseñarle el idioma de su nuevo hogar.

• Transmitir al bebé miedos e inseguridades del tipo "este niño no deja de llorar" o "¡cuidado que se cae!" genera una conducta dependiente y disminuye su autoestima, además de instalar bloqueos energéticos y emociones dañinas. En cambio, celebrar sus reacciones espontáneas y darle importancia a cada uno de sus gestos afianza su individualidad y potencia su personalidad de una manera saludable.

1. CASI COMO EN LA NAVE

Si se levanta al recién nacido y se coloca su cabeza entre veinte y treinta centímetros del rostro de la madre, se le da la posibilidad de verla. Abrazarlo suavemente, inmovilizar sus brazos y flexionar sus piernas reproduce su posición dentro del útero, el gran abrazo de su vida prenatal. Esta memoria es tranquilizante y contenedora.

Las pelotas gigantes son especiales para tranquilizar a los bebés. El adulto debe sentarse bien cómodo y seguro, y sostener al bebé a upa. Al rebotar suavemente, el pequeño siente un balanceo similar al uterino, que lo relaja especialmente.

2. UN POCO DE OXÍGENO

Cuando el bebé está en crisis, la respiración pierde su ritmo regular y armonioso. Si está acongojado, con movimiento en las costillas, va a dejar entrar el aire de a sorbos, a intervalos muy cortos. Si está enojado, va a alternar inspiraciones fuertes y breves, con gritos y llanto.
La respiración es una herramienta para ayudarlo a encontrar la salida de estos estados: sincronizar el ingreso de aire permite hacer una empatía con la emoción del bebé, para desde ahí transmitirle calma.

Es preferible hacer esta respiración a solas con el bebé, sin otras personas presentes, para evitar distracciones. Disminuir los decibeles siempre es un punto a favor: poner música suave, bajar las luces, apagar televisores, radios, aparatos en general. Concentrarse por completo en la conexión con el bebé, sin poner límite de tiempo de antemano.

Ejercicio:
- Tomar el bebé a upa, ponerse de pie. El adulto debe pararse correctamente, con la espalda derecha y los hombros relajados, sosteniendo al bebé con seguridad y serenidad.
- Abrazar al bebé, uniendo pecho con pecho.
- Prestar atención a su respiración. Entrar en su ritmo respiratorio, imitándolo. En silencio, solamente la respiración, sin copiar ningún grito o llanto.
- De a poco, sin forzar, comenzar a respirar cada vez más lento. Un poco más, a medida que la respiración del bebé va entrando en el nuevo ritmo.
- Continuar hasta que un suspiro indique la calma.

3. BAÑO SEDANTE

 Agregar un puñado de lavandas en el agua del baño favorece la paz mental y emocional. Para reforzar el efecto, combinar con una cucharada de avena.

4. FLORES PARA EL TRAUMA DEL NACIMIENTO

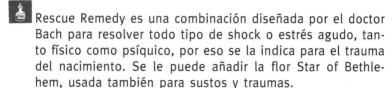 Rescue Remedy es una combinación diseñada por el doctor Bach para resolver todo tipo de shock o estrés agudo, tanto físico como psíquico, por eso se la indica para el trauma del nacimiento. Se le puede añadir la flor Star of Bethlehem, usada también para sustos y traumas.

73

5. PAZ VERDE

La tierra, el pasto, la arena de la playa y las rocas, los ríos, el mar o la montaña son fuentes de vitalidad, salud y conexión con el medio ambiente, además de resultar una puerta abierta a la belleza y la paz. Llevar al bebé a espacios donde pueda apreciar los sonidos de la naturaleza e interactuar con insectos y animales es un complemento armonizador del alma, el cuerpo y los instintos.

6. LOS QUE NO FALLAN

Si el bebé está en crisis de llanto, salir de la casa suele ser un remedio mágico. El cambio de aire, salir de un ambiente tenso y el entretenimiento de contemplar otros paisajes parecen ser las claves del relax exterior.

Pasear en auto es un remedio infalible. Al parecer, en el útero hay un movimiento amortiguador del líquido amniótico que el vehículo reproduce en su andar. Este acunamiento, además, estimula el vestíbulo, la región del aparato auditivo relacionada con el equilibrio, lo cual genera un efecto adormecedor. Aunque esta técnica para calmar bebés funciona, es probable que, al detenerse el auto, vuelvan a llorar. Y los padres, también.

7. COSA DE BRUJAS

El té de ruda en el baño es excelente para limpiar los cuerpos sutiles de energías negativas. Agregar dos tazas de agua hervida a dos cucharadas de hojas de ruda. Tapar y dejar reposar quince minutos. Agregar al agua del baño.

La puesta de sol se conoce como "la hora del lobo" o "la hora de las brujas". En este momento del día, muchos bebés se alteran, lloran o gritan. La razón es un misterio. Es el momento justo para el baño.

8. CONSEJO EXPERTO

"A los bebés les encantan las cosquillitas en la cara hechas con un mechón de pelo mojado", Natalia, baby sitter.

"Cuando alguien que no es la mamá cuida a un bebé, tiene que tratarlo como si fuera un hijo propio. Hay que actuar como una madre sustituta, dándole puro amor", Isabel, enfermera de neonatología.

9. DICEN LOS QUE SABEN...

La manera de la abuela
Para que el bebé deje de llorar, hay que darle vuelta la batita.

La manera de papá
"Lo que sirvió con Lua fue no buscar la satisfacción en lo inmediato. Porque no es el jugo, no es la leche, no es el pato... En vez de darle cosas, la pregunta es: ¿qué es lo que querés realmente?", Pablo.

"Son más efectivos tres minutos de dedicación que veinticinco de aguante. Si el tipo está en programa 'hago lío así están conmigo' (fácilmente detectable por el rastro de cajones abiertos, cosas tiradas, golpes a los muebles e intentos de equilibrio sobre cosas inherentemente inestables), siempre resultó más efectivo (y divertido) tirarse al piso a jugar cinco minutos y que se calme y tal vez duerma, que correrlo de acá para allá, retándolo", Nicolás.

"Dos minutos de paciencia al intentar la jugada. Muchas veces nos pasa que llora y uno lo pone así y sigue... y lo cambia de posición y sigue... y lo lleva para allá y... A veces parece que no quiere estar en una posición que uno sabe que le gusta, y si lo aguanta dos minutos el bebé se calma y se duerme", Nicolás.

"Para calmar a Agus, lo levanto a upa y lo distraigo de su 'drama' mostrándole cosas que tenga cerca y hablándole sobre eso: por ejemplo, le señalo los árboles del lugar y le cuento cuántos hay", Fernando.

La manera de mamá

"Cuando Nico lloraba mucho, lo llevaba cerca de una pileta y dejaba correr el agua", María de la Paz.

"A veces, lo único que servía era que alguien que viniera relajado de la calle me relevara", Silvina.

"A mis hijos les gustaba que les mostrara el movimiento de la ropa en el lavarropas", Susana.

"Una cosa concreta que funcionó es prestarle atención: tirarme al piso con él un rato, jugar, cantar. Si le doy esto un rato al día, después puedo lavar los platos, arreglar la casa, meterme en Internet. Además, me saca culpa de que me espere, me espere, me espere...", Sandra.

"A mi nena le encanta que juguemos con el cuerpo, con canciones que terminan en sacudida. Por ejemplo, sentarla en las rodillas y cantarle:

Michelle se fue a París (el nombre es el de cada bebé)
En un caballito gris
Michelle se fue al campo
En un caballito blanco

Al paso al pasito al trote y
Al galope al galope al galope...
(Acá empezaba a moverla fuerte, y ella se reía)

Otra canción:
Uno dos y tres indiecitos (contaba hasta diez)
en un pequeño bote
iban navegando río abajo
cuando un yacaré se aproximaba
el pequeño bote de los indiecitos
casi casi volcó.
(Ahí, la hago 'caerse' al piso. O al agua, si es verano y hay una pileta chiquita)", Laura.

"Con Alanis nos gusta volar como avioncitos, hacer de caballito o bailar, siempre con el cuerpo apoyado. Damos vueltas, hacemos piruetas, balanceos, tiradas al aire. Nunca hay que proponerle que haga algo. Uno es el que tiene que ponerse a hacer algo: jugar con los bloques, los rompecabezas, las muñecas, o el lenguaje. Cuando uno se lo pone a hacer, enseguida los chicos quieren eso. Otra cosa que aprendí es que son quince minutos. Si les dedicás quince minutos, ya se quedan en paz", Mariela.

"Una manera de tener a Iván entretenido es dejarlo que explore todo. Más vale limpiar un poco más el piso, pero que pueda andar sin restricción. Una manta en el piso es lo mejor para que juegue", Analía.

"Cuando Facundo tenía dos semanas empezó a llorar sin parar, si no estaba a upa. Apenas lo apoyabas en la cuna, o en cualquier lado, se desconsolaba. Un día estaba sola con él, ya no sabía qué hacer, porque estaba un poco cargadita, y puse un tema de música bien acelerado, como para soltar un poco bailando. Lo levanté a upa y en el frenesí del baile empezó a quedarse dormido... Fui bajando de a poco los decibeles... y se durmió", Aída.

La manera de la tía

"Jugar a imitarse mutuamente con el bebé, con movimientos y sonidos. ¡Es sorprendente lo fácil que resulta comunicarse en este idioma!", Verónica.

10. ESE GOMOSO OBJETO DEL DESEO

El chupete, elemento amado y cuestionado, acompaña persistente la crianza de los bebés de la era moderna. Se lo acusa de provocar malformaciones dentarias, alergias al látex, provocar hábitos de dependencia y atentar contra la lactancia materna. Pero sus defensores no se quedan atrás: estudios recientes lo asocian a un menor riesgo de muerte súbita del lactante, y se considera un beneficio para los bebés que tienen mayor necesidad de succión.

Ante la avalancha de pruebas a favor y en contra, el voto decisivo queda en manos de los adultos. Algunas precauciones pueden mantener a raya los posibles efectos adversos del chupete:

- No ofrecer un chupete al bebé antes de la tercera semana, cuando la lactancia ya está bien establecida.
- No permitir que se acostumbre al chupete como un objeto de uso constante.
- No prenderlo en la ropa.
- Si bien el chupete puede inducir el sueño, genera irritabilidad en el bebé si lo pierde durante la noche. Utilizar otros recursos para que duerma mejor (véase capítulo "Cunas y lunas", página 143).
- La etapa de succión va concluyendo hacia el sexto mes, cuando comienza la alimentación sólida. Éste es el momento indicado para empezar a retirar el chupete.
- El momento ideal para dejar el chupete es el año de vida.
- Controlar las garantías de fabricación, para no usar materiales tóxicos.

- No endulzar el chupete. Esto es factor de caries múltiples en la dentadura provisoria del bebé.
- No ofrecer chupete a los bebés con tendencia a repetir otitis, porque el movimiento de succión constante amplía las probabilidades de infección.

Máquinas de aprendizaje

Según la neurofisiología, durante los primeros dieciocho meses de vida los seres humanos somos esponjas que absorbemos información las veinticuatro horas. Los bebés no necesitan —al contrario que los adultos— de un contexto de aprendizaje.

Los estímulos repetidos desarrollan conexiones sinápticas más fuertes, lo cual impregna la información en la corteza cerebral de una manera más profunda. Por ejemplo, nacemos con la posibilidad de hablar en cualquier idioma, pero las conexiones neuronales más sólidas son las que se estimulan por la repetición del lenguaje materno. El cerebro de un bebé es como un disco rígido en blanco, que se informa acerca del mundo por las acciones, las palabras, actitudes y percepciones de las personas que lo circundan.

Piel a piel con el bebé

Brindarle contacto físico al bebé es la única manera de garantizarle una contención y seguridad que pueda percibir como verdaderas. Al ser tocado, el pequeño sabe que puede contar con ese adulto que le transmite presencia y sostén. Tocarlo es, además, un amoroso método para hacerlo consciente de su propia geografía corporal. Las manos le muestran sus contornos, le dan un significado, le transmiten información sobre sus propias posibilidades de movimiento y su individualidad.

El contacto induce al bebé a relajarse, a dormir mejor, estimula su desarrollo neurológico y facilita la digestión. A falta de palabras, establece un lenguaje de amor envuelto en piel.

11. TOQUE EUTÓNICO AL BEBÉ

La eutonía es una opción cada vez más apreciada por sus cualidades de suavidad y no invasión, dos características imprescindibles para hacer contacto con los más pequeños. La palabra eutonía significa "el tono justo". Se trata de una disciplina creada en Occidente, para atender la problemática occidental. Su práctica ayuda a lograr un equilibrio de mente y cuerpo a través del contacto.

La eutonista Frida Kaplan es la creadora del Método Embarazo y Nacimiento Eutónico que lleva su nombre y es quien sistematizó el toque eutónico para aplicarlo al bebé.

El toque eutónico al bebé es una secuencia de toques realizados por el adulto, en contacto consciente consigo mismo y con el bebé.

El hecho de que se denomine "toque" y no "masaje" deriva de que en el contacto de las manos del adulto con la piel del bebé casi no se ejerce presión. Por eso se lo define como no invasor: es similar a una caricia hecha con una conciencia especial que permite reconocer las tensiones del bebé y aliviarlas mediante el contacto.

Además de incrementar el contacto, sirve para que el bebé pueda tener las siguientes vivencias:

- sentirse contenido y sostenido,
- aflojar tensiones,
- sentir sus articulaciones y posibilidades de movimiento,
- sentir su piel experimentando un equilibrio psicofísico,
- regularizar el movimiento intestinal.

Durante sus primeros meses de vida, los bebés se van estirando a partir de su posición fetal y, al hacerlo, extienden los músculos, abren las articulaciones y coordinan sus movimientos.

El contacto sutil con piel de bebé favorece la movilidad de sus articulaciones y modifica la tensión en las partes blandas, sin sentirse invadido. Esta contención propicia el fortalecimiento de su "yo".

Este toque puede ser practicado por la mamá, el papá, o profesionales vinculados al nacimiento. En experiencias realizadas en hogares y hospitales, el toque eutónico al bebé demostró ser un puente de salud, amor y contención entre los adultos y los bebés tocados.

Preparación previa al contacto

- Preparar el espacio de contacto, disponiendo una colchoneta en el suelo y manteniendo una temperatura agradable en el ambiente.
- Elegir un momento en que el bebé esté tranquilo, y ambos, adulto y pequeño, tengan disposición para el encuentro.

- Antes de tocar a un bebé, lavarse las manos con un jabón neutro, con agua de tibia a caliente, para que las manos conserven el calor.
- El toque eutónico al bebé no se realiza con música de fondo, sino que el bebé es acariciado también por la voz amorosa del adulto que está haciendo contacto con él.
- Tomarse un momento de contacto interior. Cerrar los ojos. Percibir hasta qué espacio interno llega el aire que entra por las fosas nasales. Recorrer el cuerpo con la mirada interna, y dirigir la atención hacia las zonas que estén tensionadas o contracturadas, con la intención de liberar o soltar la tensión.
- Tocar al bebé con la palma y los dedos, con la presión necesaria para sentir lo que se está tocando y que, a la vez, las manos se deslicen.
- Tocar la piel con la *intención* de transmitir amor, presencia y contención.
- Realizar el contacto incluyendo en la *atención* a la muñeca, para que se convierta en un toque envolvente.

Cómo reconocer el tono justo

- Para encontrar el tono justo, sentir la calidad de la piel del bebé y el grado de tensión que pueda haber en las partes blandas de su cuerpo. La *intención* no es modificarlo, sino percibirlo y acompañarlo.
- La señal de que las manos tienen el tono indicado es que se deslizan. Por eso, para el toque eutónico no se usa aceite.
- El toque eutónico no invade. Las palmas y los dedos de las manos se deslizan sin presionar, pero tampoco ejerciendo un toque miedoso. Toda la mano toca, envuelve y contiene, con la *intención* de transmitir amor y hacer contacto consciente.
- En el toque eutónico al bebé los movimientos no surgen por voluntad del adulto, sino que el mismo fluir del contacto va conduciendo de un movimiento a otro.

- Realizar el toque observando al bebé. A partir de sus gestos, se podrá comprender cuál es la articulación que está más trabada, o dónde no le gusta que lo toquen. Esta información permite incrementar el contacto y la comunicación con el bebé.
- Para contener y aquietar al bebé mediante este toque, es necesario hablarle, cantarle y observar sus gestos. De esta manera, se sentirá tocado por las manos, la voz y la mirada, durante todo el encuentro.

Secuencia simple del toque eutónico al bebé

- La persona que va a tocar al bebé debe estar bien alineada para realizar el encuentro afectivo. Los huesos que usamos al sentarnos (isquiones) dan la pauta de la corrección corporal y la actitud adecuada. Revisar que se encuentren bien apoyados, en el suelo o la colchoneta donde se practique el toque.
- Hacer movimientos con las manos para obtener una temperatura cálida y liberar la tensión. Reconocer la movilidad de las muñecas, para que el toque no sea rígido.
- Preparado el adulto (isquiones, manos, *intención* de contener), ubicar las manos en el centro del pecho del bebé con la *intención* de pedirle permiso para realizar el encuentro.
- Deslizar las manos en dirección descendente desde el tórax hasta los pies, incluyendo los brazos.
- Realizar la misma secuencia en la parte posterior del cuerpo.
- Ubicar al bebé boca arriba, poner las palmas de las manos en la colita, sosteniéndolo mientras se le canta o habla utilizando un tono de voz cálido, envolvente y sostenedor.
- Permitir que se establezca el contacto y seguir la propuesta que surja de éste.

12. MASAJE CALIFORNIANO

Los movimientos largos del masaje californiano están inspirados en el ondulante fluir de las olas del mar. Aunque no es una técnica creada para bebés, su contacto contenedor y envolvente lo convierte en una alternativa ideal. El uso de aceites naturales facilita a las manos deslizarse con continuidad y de una manera integradora.

En esta modalidad de contacto se puede incluir una música suave, que puede ser de sonidos acuáticos o de la naturaleza. El sonido que acompañe el toque va a influir en la energía del masaje.

Preparación previa

- Realizar el proceso mencionado arriba para preparar el ambiente y el espacio interno del adulto que va a efectuar contacto consciente con el bebé.
- El momento para el contacto debe ser elegido cuidadosamente, para evitar distracciones. La presencia completa del adulto es fundamental para que el bebé se sienta contenido.
- Tocar al bebé con sumo respeto y cuidado, prestando atención a sus respuestas corporales y a su respiración.
- Usar aceite de almendras puro, o con una gota de aceite esencial de lavanda por frasco pequeño. Elegir productos de muy buena calidad y sin procesamientos químicos para aplicar sobre la piel del bebé.
- El ritmo de este masaje es lento y acunador.
- En cada movimiento, las palmas de las manos se apoyan completamente, ejerciendo una presión contenedora, no demasiado fuerte.
- Para que el masaje logre la continuidad integradora, las manos se levantan sólo al completar la secuencia.

Movimientos

- Acostar al bebé en la colchoneta.
- Colocarse detrás de su cabeza. Apoyar toda la palma la mano derecha en la frente y, con la mano izquierda, tocar el corazón del bebé. Mantener unos instantes, con la intención de que el bebé dé permiso para tocarlo, y para sincronizar con su delicada frecuencia.
- Untar cinco gotas de aceite en la palma de las manos, y distribuirlo. La cantidad de aceite no debe ser excesiva. Es preferible ponerse poco, de manera que la mano se deslice bien, pero sin resbalar.
- Tocar el cuello del bebé. Deslizar las manos por sus hombros hacia los brazos, hasta llegar a las manos.
- Llevar las manos al pecho del bebé, y deslizarlas por la panza.
- Tocar el abdomen en sentido horario, siempre con las manos blandas y poca presión. Hacer este movimiento tres veces.
- Continuar descendiendo hasta la cadera, luego las piernas, tocando completamente, siempre con toda la mano apoyada. Tocar las rodillas, seguir bajando.
- Hacer contacto con los tobillos del bebé, y continuar el masaje hasta los pies.
- Si el bebé se deja dar vuelta, repetir el contacto en la espalda y la zona dorsal del cuerpo. Si no, acariciarlo colocando las manos debajo de la espalda, yendo desde el cuello hasta los pies, con lentitud, haciendo un contacto especial con el sacro.
- Para cerrar el encuentro, volver a la frente y el corazón, como en el primer movimiento.

13. MANOS LUMINOSAS

★ Las manos son el canal por excelencia de la energía curativa. En un estado relajado pero atento, con la respiración consciente, dirigir la atención hacia ellas, e invocar asistencia a los ángeles de la guarda, seres de la sanación, maestros o guías, para que se colmen de energía curativa. Cuando se perciba una sensación diferente en las palmas de las manos (calor, frío, cosquilleo), apoyar la mano sin tocar el cuerpo del bebé, sino a unos centímetros de su piel, sobre el área de molestia. Permanecer hasta que sea notoria alguna diferencia en la cualidad energética del contacto. Retirar las manos con mucha lentitud.

★ Apoyar suavemente la mano en el corazón del bebé, sintiendo sus latidos y el ritmo de su respiración, es relajante para el pequeño y para el adulto.

★ Colocar una mano en el sacro del bebé y otra a la altura del pecho, sobre la espalda. Utilizar una presión contenedora, pero sutil. Este toque relaja y equilibra la circulación energética en la columna vertebral.

★ Acariciar la carita del bebé, deslizando suavemente las manos. Comenzar desde la corona y descender hasta la pera. Al terminar el movimiento, descargar a tierra la energía sobrante, sacudiendo las manos.

14. DICEN LOS QUE SABEN...

La manera de papá

"Lo mejor para calmar a Nina siempre fue abrazarla en el pecho, tocándola con toda mi panza, que no es pequeña, ja ja...", Daniel.

"Me tiraba en la cama y ponía al bebé sobre el pecho. Era uno de los recursos más eficaces", Juan.

"A Magdalena le encantaba que le acariciara la carita", Fernando.

"Contacto, contacto y más contacto: desde el día que nació hasta ahora que tiene 18 meses, el contacto físico es mágico. Sobre todo con la cabeza apoyada sobre el pecho de papá o mamá. Es conocido lo de escuchar el corazón y la respiración, pero cantarle canciones muy bajito cuando tiene la cabeza apoyada sobre el pecho, o apoyarle la mejilla cuando está con la cabeza sobre el hombro de uno, siempre tuvo muy buen efecto", Nicolás.

 ## La manera de mamá

"El consejo del pediatra fue que me desnudara y me pusiera al bebé encima para dormir la siesta", Gilda.

"Al poco tiempo del nacimiento, recibí sesiones de reflexología en casa. Era muy relajante, y no importaba si el bebé estaba encima de mí, tomaba la teta, o se quedaba dormido al lado", Silvia.

"Cuando tocaba a Pedro no lo hacía con una intención de estimularlo, sino que lo más verdadero y simple era estar, tocarlo", Olivia.

"Usé un video de kundalini yoga posparto que fue muy gratificante. Es una clase para hacer con el bebé en una colchoneta. Tiene algunos ejercicios para hacer juntos y, al final, un rato de contacto exclusivo para él", Mariana.

Primitivo relax

Observar cómo se relaja un bebé es un recuerdo de nuestra calma esencial. Si algo lo sorprende o asusta, lo despliega con todo su cuerpo. Finalizado el estímulo, recupera la paz en los músculos, reacomodando y equilibrando la tensión hasta relajarse por completo.

Los brazos:
un lugar en el mundo

La upa es la alfombra mágica que contiene suavemente al bebé en su travesía desde que sale del útero, hasta que finalmente puede hacer pie en tierra firme. Los brazos son un telescopio seguro y, también, un refugio acolchonado, ideal para hundirse a llorar todas las penas de este mundo. La upa es una fuente inagotable de beneficios. Entre ellos:

- Permite que los bebés descarguen el exceso de energía que tienen en sus cuerpos, hasta el momento en que puedan hacerlo por ellos mismos. Durante los meses previos al momento en el que son capaces de levantarse por sí mismos, acumulan energía de la absorción de los alimentos y del sol. En consecuencia, requieren del contacto con el campo energético de una persona activa para usar como cable a tierra.

- Es un puente de comunicación perceptiva. Por la forma en que es sostenido, el bebé aprende a conocer a quienes lo sostienen. Los adultos, a su vez, reciben información instintiva de las necesidades y formas de expresión del pequeño.

- Los movimientos de la upa alivian los cólicos producidos por gases.

- Los movimientos rítmicos y la vocalización simultánea estimulan el desarrollo de la coordinación motora.

- A upa, el bebé experimenta directamente y aprehende el lenguaje humano en su totalidad: la respiración, el tono de la voz, el significado de los gestos y expresión de las emociones.

- Mientras que en el cochecito el bebé es más observador que participante de la vida cotidiana, la upa le permite sentirse incluido. Además de incrementar su autoestima, adquiere conocimientos de la vida en sociedad.

- Si es la mamá quien lo acuna, se establece prácticamente una sincronía entre sus ritmos respiratorios. Esta armonía produce relajación en múltiples niveles.

RECOMENDACIONES GENERALES

- Tomar al bebé en brazos cuando no esté llorando. De esta manera, asociará la upa con la calma y el placer del contacto, y no como una respuesta automática al reclamo.

- El bebé, desde que nace, ve perfectamente. Durante el primer mes, es como si tuviera una cámara fija preparada para hacer foco desde la altura del pecho a los ojos de quien lo sostiene. Hablarle y acariciarlo mientras se lo alza estimula positivamente su sistema límbico, el área del cerebro asociada a las respuestas emocionales, el aprendizaje y la memoria.

- Permitir que únicamente personas de confianza hagan upa al bebé. Todo el que lo abrace o sostenga va a transmitir un mensaje y una carga energética, y la persona maternante es la que está capacitada para hacer de filtro.

- Hacerle upa con la cabecita apoyada sobre el pecho, del lado izquierdo, para que pueda escuchar los latidos del corazón.

15. LAS OLAS DE LA UPA

La estructura orgánica de los bebés es mayormente líquida. Al balancearlo, sus líquidos circulan por el cuerpo, como olas en el mar. La imagen de tener en brazos una bolsa de agua puede ayudar a reconocer un ritmo y una intensidad apropiados de la upa.

Los líquidos del cuerpo tienen dos ondas de movimiento. Una es la céfalo-caudal, que tiene un efecto estimulante. Los movimientos laterales, como el de las cunas antiguas, son sedantes.

Todos los movimientos rítmicos, transversales y de balanceo muy lento calman al bebé.

16. MOCHILAS: EMPEZAR LA VIDA EN UNA HAMACA PARAGUAYA

La creatividad en el arte de envolver bebés demuestra que es posible encontrar un estilo para los requisitos de cada comunidad. A lo largo y ancho del planeta se confeccionaron cestas, hamacas, pañuelos, sombreros con portabebés, y bolsas canguro, con los hilos y lanas disponibles en cada región.

Las mochilas, quepinas, aguayos, o el nombre que les dé cada cultura, permiten tener al bebé a upa todo el tiempo que se quiera, sin esfuerzo físico. Gracias a estas versiones en pequeño de las deliciosas hamacas paraguayas, los recién nacidos pueden integrarse de inmediato a la vida en comunidad, tanto a upa de la mamá como del papá.

Para las mamás, tiene el beneficio extra de que permiten dar el pecho con intimidad, aunque se esté en un lugar público, ya que es posible levantar la tela de uno de los lados, haciendo una especie de cortina.

Otro de sus beneficios es que permite atender a otro niño sin descuidar al bebé.

Las mochilas ancestrales están haciendo hoy su entrada triunfal en las grandes ciudades. Los fabricantes de quepinas utilizan materiales de avanzada y colores muy atractivos para los padres y bebés del nuevo milenio, y añaden detalles de seguridad en hebillas y tiradores. Al momento de comprar una, es importante verificar que esté confeccionada con telas ciento por ciento naturales. Así, las quepinas se convierten en una nueva eterna manera de conciliar la independencia con la contención.

Crónica de la vida a upa

En Bolivia se llama a las mochilas con el nombre de aguayo. La antropóloga Claudia Hernández Soriano, quien trabaja actualmente en la región quechua, describe así su uso: "En la zona de los valles de Potosí, llama la atención, por contraste con nuestra cultura, que las mujeres están muy encima de los bebés. Esto es algo que va más allá de los propios hijos: es como si sintieran que cada bebé debe ser cuidado, no sólo por la propia madre, sino por cualquier mujer que está cerca. Ellas siempre van con su bebé pegado a la espalda, en una manta que se llama aguayo. Muy poco tiempo después de que nace el bebé, puede ser un mes, las mujeres ya se reincorporan al trabajo agrícola, y siempre lo hacen con el bebé, o sea que no tiene ese alejamiento de la madre, que sí nos pasa a nosotras cuando trabajamos. El bebé llora, y mucho, de acuerdo con su carácter. Pero ni bien el bebé está llorando, automáticamente su madre desplaza el aguayo poniendo el bebé hacia delante, y lo coloca en la teta. Cuando está en otro contexto, por ejemplo en una reunión, y el bebé está sentadito en alguna parte y llora, también le da la teta. Ahora, si la mamá no lo puede atender y hay otras mujeres, enseguida todas se van encima de un bebé que llora, es decir, no se lo deja llorar. Tratan de hacerlo jugar, o darle alguna otra comidita. El llanto es algo que debe ser acallado, y se lo hace con mucho cariño y tolerancia dentro de las mujeres".

17. DICEN LOS QUE SABEN...

La manera de papá

"Mariana nunca lloró en la quepina. Primero la acostaba a ella y después me ponía la campera, encima de los dos", Julián.

La manera de mamá

"Si un bebé llora porque se asustó, lo primero es abrazarlo y hacerle upa. No es momento de explicar nada, sino que hay que entrar en empatía con la emoción, desde el contacto, y tranquilizarlo. A veces nos ponemos rígidos", Laura.

La manera de la abuela

Los sillones hamaca son un recuerdo positivo de la vida intrauterina, y una forma descansada de hacer contacto físico con el bebé.

¡Confirmado: la upa engorda!

El Programa Madre Canguro fue desarrollado en el Instituto Materno Infantil de Bogotá, Colombia, para usar en bebés prematuros y/o de bajo peso. Consiste en alojar a los bebés dentro de la blusa de su mamá durante las veinticuatro horas. Por la noche, ella duerme semiacostada, para seguir sosteniéndolo. El contacto piel a piel favorece el vínculo afectivo y la lactancia libre, con lo cual se logra que el bebé aumente de peso en mucho menos tiempo, a la vez que las madres se sienten más competentes y seguras en el cuidado de sus hijos. Esta modalidad puede ser sostenida por el padre o un familiar, en el caso de que la mamá no se encuentre, o no esté en condiciones físicas.

El Programa Madre Canguro surgió como respuesta a la situación de pobreza, debido a la escasez de incubadoras y el abandono de las consultas por parte de las madres. Sus resultados son tan gratificantes, que hoy en día se aplica en Suecia, Estados Unidos, Perú, Bolivia, Chile, México, Holanda e Italia.

Melodías para
un oído recién nacido

Para inventar una canción de cuna, lo único que hace falta es la presencia inspiradora de un bebé en brazos. El resto lo hace la voz atrapando, con su hipnótica red, las memorias transmitidas por generaciones y generaciones de noches largas.

La música y el canto arrullan, hipnotizan y asombran al bebé. Sostienen el vínculo, proporcionan un lenguaje común: "esta forma de cantar nos da risa", "este estribillo nos pone cara seria".

La música es utilizada como herramienta curativa, tanto por los chamanes y curanderos que aún mantienen sus tradiciones en diversos rincones del planeta, como por musicoterapeutas y terapeutas del sonido. Tiene una influencia decisiva en el estado de ánimo y es capaz, dicen, de amansar fieras. Convertirse en un buen disc-jockey para el bebé ayuda a que el baile de la nueva familia incluya acordes de relajado *chill out...*

RECOMENDACIONES GENERALES

- El exceso de información auditiva puede causar estrés. Se puede prevenir controlando la cantidad de aparatos emisores de sonido que se prenden a la vez en la casa (equipo de música, televisor, computadoras, entre otros).

- Los bebés son muy sensibles a los gritos, las discusiones y los ruidos exagerados. Mantener un tono armonioso en la comunicación no significa, tampoco, andar como en una biblioteca. De hecho, los bebés se relajan y duermen mejor si escuchan el movimiento de la casa. La clave es lograr una adaptación mutua en beneficio de la armonía en la orquesta familiar.

- La música que el chiquito escuchó desde el vientre, sea del estilo que sea, es la más indicada para calmarlo o estimularlo.

- Proporcionarle siempre al bebé música de calidad, y la mejor tecnología posible para escucharla. Su oído está en plena formación, y la nutrición sonora cumple una función importante en el desarrollo de su inteligencia y madurez.

- Si el bebé está excitado o ansioso, antes de tocarlo o alzarlo, acariciarlo con palabras, hablándole en un tono amoroso y tranquilizador.

- Cuidar la intención, el sonido y la vibración de las palabras que se le cantan o dicen a un bebé.

- Si al bebé le hace mal algún ruido de la casa, es probable que a los adultos también les esté haciendo daño, pero que estén insensibilizados. El bebé es el primero en dar la alerta indicadora de que algún cambio es necesario.

Silencio

Una dieta de sonidos es un buen recurso para pasar del caos a la armonía. A veces, en las casas hay más de un aparato encendido a la vez: televisión, computadora, música. Esto crea una distorsión de frecuencias a la que los adultos estamos acostumbrados, pero que el bebé es incapaz de procesar. Si hay un clima de llanto apagar, en lo posible, todos los artefactos eléctricos, y hacer silencio.

18. PARA ENTONAR EL HIMNO DE LA PAZ

La música con sonidos acuáticos tiene acción relajante sobre el sistema respiratorio, lo cual se refleja en calma general. Las fuentes de agua producen un murmullo que serena, pero hay que verificar que estén bien afinadas, para no obtener el efecto contrario.

Mientras se indaga en las causas del llanto o malestar del bebé, se puede disminuir su ansiedad con un canto. Comenzar cantando en el mismo tono del llanto del bebé y, sin forzar, ir bajando el tono y haciendo más lento el ritmo de la canción.

Las canciones de cuna son como mantras: tienen pocos tonos y una cadencia melodiosa y repetitiva. Lo repetitivo calma, y es un conocimiento intuitivo que todos los adultos poseen. Espontáneamente, al sostener a un bebé para calmarlo, surge el arrullo con su pulsar monótono: aaaá aaaá... En cada canción de cuna se transmite la literatura oral del lugar de nacimiento, y los ritmos y entonaciones con que los padres de los padres cantaron las mismas nanas a sus hijos. En muchos casos, es prudente actualizar los contenidos, para dejar atrás las figuras que amenazan y asustan. Por ejemplo, el cuco que viene si el bebé no se duerme, el viejo de la bolsa, el lobo, y una aterradora galería que ya está en condiciones de jubilarse.

Por trasladarse en ondas vibratorias, el sonido tiene la capacidad de mover la energía. Si un ambiente está tenso, o una situación está estancada, introducir unas notas musicales puede producir cambios inmediatos.

19. CHAKRAS EN CLAVE ARMÓNICA

Cantar el mantra Om o escucharlo produce quietud mental y relaja el sistema nervioso, al actuar sobre los chakras. Su sonido y su figura son considerados la vibración primordial de la Creación. Siempre se repite en grupos de tres vocalizaciones, modulando como para pronunciarlo en tres letras: AUM. Al inspirar, abrir el pecho lo más posible, para poder sostener el canto de una manera prolongada. Este mantra construye una comunicación de alma a alma entre el pequeño y el adulto. Sus significados son innumerables. En los Vedas, textos sagrados hinduistas, se advierte que su conocimiento perfecto proviene de la práctica de recitarlo.

Se recomienda vocalizarlo con el bebé a upa, mientras se le acarician suavemente los pies, para mantenerlo conectado a la Tierra, ya que el Om eleva las vibraciones a los planos más sutiles del espíritu.

20. LA MÚSICA DEL NOMBRE

Cantar las vocales del nombre completo del bebé actúa sobre el campo sonoro de la identidad propia. Incentiva la noción del yo, del ser como individuo. Vocalizarlas mientras se lo sostiene a upa, o como comienzo de un juego, con una melodía propia. Usarlas también para construir canciones de cuna.

Por ejemplo, si una bebé se llama Valentina Aguirre, su canto de identidad es: aeia aie.

21. EL PEQUEÑO BUDA

Las campanas o bowls tibetanos son cuencos de metal que suenan a partir de la frotación de sus bordes, y que se utilizan como objeto ritual en los templos de esta región budista por excelencia. El particular sonido de estos instrumentos genera vibraciones muy altas que, a su vez, tienen frecuencias graves.

Los terapeutas del sonido realizan sesiones de armonización con cuencos tibetanos. En la consulta, hacen sonar varios tipos de cuencos en los diferentes chakras del bebé, con el objetivo de restablecer la armonía perdida. La explicación del funcionamiento de esta terapia es que cuando las ondas sonoras entran en el cuerpo se producen, por simpatía, vibraciones de las células que ayudan a restaurar la organización. El alto contenido de agua de los tejidos ayuda a transmitir el sonido, y este efecto es como un masaje profundo a nivel atómico y molecular.

22. DICEN LOS QUE SABEN...

 La manera de papá
"A Valentina le canto rap: hablo y le cuento así las cosas que hice durante el día", Rodrigo.

"Un día que ya no sabía qué hacer, le grité a mi nena de la misma manera en que ella estaba gritando, y se quedó impactada. Dejó de llorar inmediatamente", Darío.

 La manera de mamá
"Notamos que Eugenia dormía mejor si escuchaba los sonidos típicos de la casa que si la dejábamos en silencio, o hablábamos susurrando. Yo encontré una solución, que fue poner el *baby talk* al revés, es decir, que ella nos escuchara a nosotros. Para oírla a ella, dejábamos la puerta abierta", María.

"Siempre busqué letras de canciones simples, y en nuestro idioma, para que se familiaricen con el lenguaje", Laura.

"Creo que un juego simple, como 'Qué linda manito que tengo yo', cantando y haciendo gestos, estimula un montón de áreas. Es muy lindo cuando sonríen y lo piden de nuevo, ahí te das cuenta de que hiciste contacto", Cecilia.

El llamado de la selva

Los ícaros, en el chamanismo amazónico, son cantos curativos que los curanderos o chamanes utilizan en sus sesiones tribales. Casi siempre incluyen el nombre del paciente, y en sus letras se invocan diversos poderes de los animales, plantas y seres de la naturaleza circundante, para que su magia llegue a través del canto, y lo cure de cualquier tipo de mal.
Es muy frecuente escuchar en estos cantos sonidos que se asocian al arrullo al bebé. Por ejemplo, el chistido suave y repetitivo, y un ritmo hamacado y envolvente. En estas comunidades, las madres cantan espontáneamente ícaros cuando los niños están enfermos.

La vía láctea sabe bien

El pequeño viajero llega a este mundo sin nada, pero enseguida descubre algo que lo es todo: la teta. Dos riquísimos colchones para hundirse en mamá y comérsela toda, cargados con superpoderes para aniquilar al monstruo del hambre y que, por si fuera poco, vienen con upa garantizada.

La leche de madre es el sueño de todos los diseñadores de alimentos. Contiene el ciento por ciento de los requerimientos nutricionales del bebé, lo inmuniza de bacterias y virus, no engorda de más, iy causa adicción!

Todas las medicinas, terapias y organizaciones de salud coinciden en que la lactancia natural es lo mejor para los bebés, y la recomiendan con exclusividad en los primeros seis meses.

En el interior de cada glándula mamaria se producen reacciones químicas que transmutan en leche todos los nutrientes que transporta la sangre de la mamá. Estos nutrientes provienen, a su vez, de los alimentos que ella ingirió. Por eso, desde la nutrición de la mamá se puede hacer mucho para favorecer la calma del bebé, y trabajar a favor de los procesos físicos de autocuración.

La lactancia es un buen estímulo para que la madre se alimente de la manera en que quisiera que lo haga su hijo, porque todos los hábitos alimentarios de una persona comienzan a formarse en este período. Esto incluye no sólo el tipo de comida, sino la relación que se mantiene con ella: qué tiempo se le dedica, con qué actitud se la trata, si se disfruta o no del acto nutritivo.

Una dieta variada de la mamá favorece el desarrollo cognoscitivo del bebé. El sabor de su leche cambia de acuerdo con lo que ella come, y con cada percepción diferente se producen nuevas conexiones neuronales. A la vez, el organismo del lactante se prepara enzimáticamente para digerir con facilidad los alimentos que recibió por vía materna.

La teta es tan genial que hasta tiene en cuenta que no sólo de leche vive el bebé, y está equipada con un mecanismo de nutrición energética. En cada pezón hay un pequeño chakra que conecta al bebé con el campo vital de la mamá, y le permite tomar las energías del universo que sus propios chakras en desarrollo aún no son capaces de procesar.

Llanto de hambre

El reflejo de eyección de leche se activa a partir de ciertos disparadores, entre ellos, el llanto del lactante. El llanto de hambre es similar al de dolor en cuanto a intensidad, grado de excitación y congestión, pero no se inicia de manera brusca, sino que es un pequeño rezongo que aumenta gradualmente si no es satisfecha la necesidad de alimento.

RECOMENDACIONES GENERALES PARA UNA LACTANCIA FLUIDA

- La tensión en el ambiente o el estrés de la madre pueden provocar que el bebé empiece a mamar con ganas, pero enseguida se ponga molesto. Esto se debe a que el estómago es un órgano muscular con presión en la pared. Si el bebé está tranquilo, esta presión disminuye, su estómago se agranda y se adapta con gran rapidez al alimento. De esta manera, la leche es aceptada con facilidad. Si hay tensión, el estómago necesita más tiempo para adaptarse al alimento, y se produce el malestar estomacal. A muchos adultos también les ocurre lo mismo cuando comen nerviosos.

Un ambiente sin distracciones, ruidos, televisión prendida o conversaciones telefónicas favorece la buena conexión entre la mamá y el bebé. Prestarle toda la atención, hacerle caricias mientras se lo amamanta, hablarle cariñosamente, dan un marco muy atractivo a la alimentación.

- Para que el bebé esté bien predispuesto, no hay que dejarlo llorar antes de darle el pecho.

- Si el bebé no se prende a la teta, hay que verificar si tiene fiebre, observar si manifiesta algún dolor o si echa hacia atrás la cabeza. Si está resfriado, asegurarse de que no tenga la nariz tapada.

- El ají, el espárrago, el apio, la cebolla, el ajo y las especias picantes no causan irritaciones ni malestares estomacales, pero cambian el sabor de la leche de una manera muy notoria. Si el bebé no quiere mamar, tal vez alguno de estos sabores no le agrada. Se recomienda retirar de la dieta de a uno, y observar si hay cambios.

- Si se descarta cualquier posibilidad de enfermedad, chequear la postura de la mamá y del bebé. Ambos tienen que estar cómodos para que la leche fluya por los canales adecuados de alimentación. El bebé tiene que quedar con las manos libres, de modo que pueda sentir la textura de la piel de la mamá y su calor.

- Como todos los cachorros, los pequeños humanos tienen el olfato muy sensible. Para no confundir sus instintos, es preferible que la mamá no cambie drásticamente de jabón, desodorante o perfume.

- Si el bebé quiere tomar solamente de uno de los pechos, hay que probar diferentes posiciones de amamantamiento. Los pediatras, las doulas, las parteras y las puericultoras están capacitados para explicar las técnicas a la reciente madre.

- Untar de leche el pezón anima al bebé a prenderse a la teta.

23. MAMÁ ME DA LA CALMA

Quitar de la dieta materna las bebidas como café, gaseosa o mate. Sus principios activos pasan a la leche y excitan el sistema nervioso.

Evitar el consumo de dulces. El azúcar eleva los niveles normales de glucosa, un combustible que el cerebro necesita para desarrollar sus funciones. Cuando hay más glucosa de la necesaria, se experimenta una especie de euforia (por ejemplo, si durante el embarazo una mujer percibe que el bebé no se mueve, los médicos le indican comer algo dulce para ver si reacciona y, en general, es lo que ocurre). Al regresar el nivel de glucosa a los niveles normales, o sea, al bajar, se nota el efecto contrario, llamado disforia, que se traduce en molestias nerviosas y ansiedad.

No es conveniente reemplazar el azúcar por edulcorantes químicos, ya que están compuestos por partículas muy pequeñas que pasan a la leche de la madre, y el bebé no está preparado para digerirlas.

El alcohol y el cigarrillo son dos excitantes con efectos tóxicos en el bebé, que deberían eliminarse por completo en el período de amamantamiento.

24. UN TECITO CON LECHE

 La infusión de tilo, manzanilla y melisa relaja la mente y los órganos internos. Colocar una cucharadita de cada hierba y agregar dos tazas de agua hervida. Dejar reposar diez minutos y colar. La mamá puede beber cuatro tés por día, para que estos relajantes naturales actúen sobre ella misma y lleguen al bebé.

25. LECHE DE CALIDAD CERTIFICADA

Nutritiva y en abundancia, con unos simples secretos.

 Algunos alimentos estimulan la fabricación de leche en el organismo, y también su riqueza en grasas de buena calidad. La levadura de cerveza comestible se consigue en comercios naturistas, en cápsulas o polvo, y se utiliza espolvoreando una cucharada sopera sobre cualquier comida. Su sabor es neutro.

 Si bien la cerveza tiene fama de ser efectiva en la producción de leche, no es el alcohol lo que ayuda en el proceso. El responsable de la secreción de prolactina es un hidrato de carbono complejo de la cebada, su ingrediente esencial. Es más adecuado tomar este hidrato de su propia fuente, el cereal. La cebada perlada es un alimento riquísimo y muy nutritivo. Se prepara cocinando a fuego bajo una taza de cebada con dos y media de agua, con la cacerola tapada. Cuando el líquido se consume, aproximadamente cuarenta minutos más tarde, el cereal está en su punto justo.

 El hinojo es considerado una planta galactagoga, es decir que tiene propiedades similares a los estrógenos femeninos, por lo que estimula las glándulas mamarias incrementando la producción de leche. Se puede consumir en las comidas, o sus semillas en infusión.

Para producir una buena cantidad de leche, se recomienda que la mamá lleve una dieta hiperproteica. Las proteínas son la piedra fundamental de todos los tejidos del cuerpo, necesarias para la formación de hormonas y enzimas, y fuente de calor y energía. Se encuentran en todos los alimentos de origen animal. Las legumbres combinadas con frutas secas o semillas también forman proteínas completas.

Pecho es salud

Aunque el bebé no engorde con la leche de su mamá, ésta mantiene su sistema inmunológico protegido. Por eso es conveniente darle siempre el pecho al bebé, aunque sea una sesión antes de dormir. De esta manera, no sólo se le brindan defensas orgánicas, sino que el vínculo madre-hijo sigue siendo constante.

26. UN COMEDOR ORGANIZADO

Durante los tres primeros meses de vida, la recomendación generalizada es el pecho "a libre demanda", o sea, cada vez que el bebé lo pide, incluso por la noche.

A partir del tercer mes, se puede comenzar a regular, no de un día para otro, sino siguiendo los ritmos naturales de la mamá y el bebé, hasta llegar a un intervalo de tres horas, el tiempo que lleva digerir la leche de la toma anterior. Conocer las fases del sueño del pequeño puede ser útil para organizar su alimentación.

Despertar al bebé que duerme con sueño profundo para alimentarlo no es recomendable. Costaría mucho trabajo y, de lograrlo, el bebé quedaría muy alterado. En la fase del sueño ligero, si se lo despierta suavemente, acariciándolo primero con la voz y luego con mimos, reacciona positivamente y acepta gustoso la invitación a tomar la leche. Poner al bebé aún adormilado en el pecho estimula la lactancia, ya que se prende a la teta con naturalidad (véase "Soñar como un bebé", página 146).

27. DIFICULTADES CON LA LACTANCIA

La interrupción del amamantamiento, las enfermedades de los pechos o algunas conductas erróneas pueden ser piedras en el camino de la lactancia. Removerlas lo antes posible es la clave para que se mantenga activa la producción de leche. La palabra "mastitis" define a las inflamaciones de los pechos, que pueden provenir de un conducto obstruido o de una infección. La mastitis causa dolor en los senos y cambia el sabor de la leche, por lo que a veces el bebé la rechaza.

Para una lactancia sin dolor

- Para evitar mastitis, es importante no dejar pasar mucho tiempo entre cada mamada. Si se va a disminuir la lactancia, hacerlo de manera gradual.

- Variar las posiciones de amamantamiento permite que el bebé succione de todos los conductos, y no se produzcan estancamientos lácteos.

- Los corpiños ajustados o con varillas pueden generar estas complicaciones, por lo que es mejor optar por los más cómodos, o no usar corpiño.

- Antes de aplicar cualquier producto en los pezones, testear posibles irritaciones en el pliegue interno del codo, donde la piel tiene iguales características que la del pezón.

- La aplicación de compresas calientes durante quince minutos cuatro veces al día estimula la circulación sanguínea y la desobstrucción de conductos.

- Frotar cáscara de banana en los pezones previene las irritaciones. También alivia y cura.

- El uso externo de las hojas de col (repollo) alivia el dolor cuando éste responde a una inflamación por la lactancia. Se pueden aplicar las hojas directamente sobre la piel, envolviendo el seno por completo.

- Aplicar cataplasma de zanahoria triturada sobre la parte dolorida calma la tensión en las mamas y desinflama.

28. AMOROSAS MAMADERAS

Muchas mujeres eligen alimentar a sus bebés con mamadera. Otras tienen que hacerlo durante breves períodos porque necesitan tomar antibióticos. También, lamentablemente, hay casos en que la mamá no está, y el biberón es la única alternativa.

Hoy en día, la medicina reconoce sólo razones biológicas excepcionales por las que una mujer no pueda amamantar. Antes era frecuente escuchar que una mamá "no tiene leche", o "tiene leche mala", "leche que no sirve". Estas afirmaciones perdieron vigencia: tener más leche, o hacerla más nutritiva, requiere únicamente práctica y dieta.

En general, la decisión de alimentar con leche de fórmula está relacionada con motivos personales, psicológicos, sociales, tabúes, vergüenzas o inhibiciones. El factor estético también tiene su influencia.

Alimentar a un bebé humano con leche de otra especie tiene bastantes desventajas, pero se sobrellevan mejor si se tiene en cuenta lo fundamental: nutrir con amor, sin que importe el envase.

Biberones humanizados

- Cuando la mamadera es el instrumento de nutrición, es muy importante que el momento no se mecanice. Todos los bebés necesitan el contacto, el mimo, la atención y la seguridad de sentirse aceptados y sostenidos por brazos amorosos.

- Darle al bebé la mamadera poniéndolo lo más cercano al cuerpo de la mamá o de quien lo alimente. Enfatizar, desde el diálogo, el amor, y lo lindo de estar dándole la mamadera, mirarlo a los ojos con profundidad y ternura.

- Buscar que el tiempo del biberón sea un encuentro, procurar intimidad y un ambiente sereno y relajado.

La buena leche

Por iniciativa de la Organización Mundial de la Salud, en todos los países hay grupos de apoyo a la lactancia materna, que brindan conocimientos, técnicas, soluciones y sostén emocional a las mamás que dan el pecho. También asesoran a mamás adoptivas y de niños con necesidades especiales.

En general tienen afiches en las maternidades, por lo que son grupos fáciles de contactar. Algunos están en Internet y reciben consultas vía e-mail. Entre ellos:

www.amamantar.org
www.lalecheleague.org
www.vialactea.org

29. DESTETE

El momento perfecto para dejar la teta sólo pueden descubrirlo la mamá y el bebé. Depende, en gran medida, de cómo vivieron la fusión de los primeros meses. Si pudieron aprovecharla bien, llegará naturalmente la necesidad de ir despegándose uno del otro: el bebé va a dar pataditas empujando a la mamá, ella va a reconocer otras maneras de brindarle contacto, y los alimentos sólidos van a cobrar cada vez un mayor protagonismo, no sólo en lo nutricional sino en su aspecto lúdico.

La Organización Mundial de la Salud recomienda la lactancia materna exclusiva, sin siquiera agregado de agua, durante los seis primeros meses, y continuarla en combinación con otros alimentos hasta los dos o tres años de edad. Ocurre que no es fácil para las mamás continuar el amamantamiento hasta una edad tan avanzada entre tanto tabú y exigencia social.

De acuerdo con el reloj del cuerpo, la disminución de la producción de leche de forma fisiológica comienza a ser considerable a partir de los siete o nueve meses. Retirar antes el pecho puede provocar problemas mamarios.

De continuar el amamantamiento, el cuerpo puede producir leche hasta que el niño tiene cuatro años.

La corriente naturista propone un año como buen promedio de lactancia materna. En esta etapa, el niño tiene todos los dientes, y puede pasar sin problemas a la mesa familiar. Los psicólogos también consideran que éste es un buen momento, porque el bebé está en condiciones de aceptar que la mamá le ofrezca un objeto (puede ser un juguete o una manta, por ejemplo) en reemplazo de su presencia, lo cual indica un principio de autonomía. Se lo denomina "objeto transicional", y es un elemento que actúa de puente entre la mamá y el niño.

Lo más importante es que el tiempo que la mamá decida prestarle el cuerpo a su hijo, lo disfrute a fondo: aunque le parezca que va a ser un tambo para siempre, la lactancia es un momento de encuentro total, irrepetible y fugaz.

Flores para soltar la teta

Si el destete es motivo de conflicto, madre y bebé pueden utilizar Red Chesnut, que permite realizar un distanciamiento sin perder el contacto interno, y transmitir sólo amor, seguridad y protección.

30. COMBUSTIBLE PARA ATERRIZAR

Algunos cereales integrales (en especial el arroz y la cebada) favorecen la encarnación, ya que arraigan a la Tierra y mantienen un equilibrio energético. Al bebé le pueden llegar sus beneficios a través de la leche materna desde el primer día de vida.

Las raíces de todas las verduras, que en general se desechan, contienen energía telúrica pura. Se recomienda cocinarlas, cortadas en juliana bien fina, e incluirlas en la dieta materna.

31. ¡LA TETA SE VA A TRABAJAR!

Si la mamá tiene que pasar muchas horas lejos del bebé, éste puede demostrar su reclamo negándose a tomar el pecho. Es importante que, al volver a su casa, la madre se dé un baño para recuperarse energéticamente y, a continuación, dedique un tiempo generoso a poner al bebé en el pecho y a proporcionarle contacto físico. Si se angustia por volver a trabajar, tal vez le sirva poner el foco en el bienestar por el reencuentro: si ella está en paz, el bebé va a vivir bien la transición.

Cuándo llamar al médico

Si el bebé tiene menos de tres meses, rechaza el pecho y tiene fiebre o molestia, hay que consultar de inmediato.

El bello pecho

Se calcula que a las madres les toma otros nueve meses recuperar el cuerpo que tenían antes del embarazo. Dando el pecho, este proceso se acelera. Pero también es cierto que, aunque el cuerpo vuelva a contornearse, los pechos nunca van a recobrar el tono turgente previo al amamantamiento. La verdad sea dicha: para las tetas, es un camino de ida. Pero mantener la dignidad es posible.

Para atajar el impacto con elegancia, es importante mantener una buena postura mientras se amamanta. Además de evitar tortícolis, una postura erguida transmite en forma más ordenada la corriente energética.

La mamá siempre tiene que estar bien sentada, muy cómoda, con la espalda lo más recta que pueda, y poner almohadones debajo del brazo para que el bebé no tironee los pechos hacia abajo. Algunas marcas artesanales ofrecen almohadones especialmente diseñados para amamantar. Chequear bien la postura antes de comenzar a darle la teta.

Es fundamental que el bebé mame de los dos pechos, porque si no uno se agranda, y sólo es reparable con cirugía estética. Se le puede dar el pecho estando ambos acostados, y rotando la posición del bebé para que succione desde todos los sectores posibles.

Las estrías son un tema aparte, porque depende en gran medida de la elasticidad de la piel de la mamá. Hay mujeres que usan crema y hacen estrías, y otras, que aunque no tomen recaudos, quedan perfectas. De todas maneras, cuidarse los pechos también es nutrirse, y no deja de ser una manera de colaborar con la estética. Hay cremas a base de manteca de cacao que son inofensivas para el amamantamiento y mantienen la elasticidad dérmica. La crema de caléndula es muy recomendable para las grietas en los pezones y para la recuperación de la humedad de la piel.

Practicar ejercicios pectorales es una buena actitud para conectarse positivamente con el cuerpo y mantener una buena tonicidad. Si se trata de ponerle el pecho al asunto, ¡las madres siempre encuentran cómo!

El feng shui
del bebé globalizado

Nuestro entorno emite estímulos visuales, sonoros, táctiles, gustativos, olfativos y energéticos las veinticuatro horas del día. Mientras estamos en casa, somos antenas receptoras para estas frecuencias que influyen en nuestra organización mental, nuestro estado de ánimo y la armonía en general.

Todos los ambientes tienen su carga. Apenas entramos en una casa o comercio podemos percibir una determinada vibración, que nos anima a permanecer o salir corriendo.

La armonía del ambiente que nos rodea influye en la armonía interior. De esta convicción surgió en la China milenaria el arte de la adecuada ubicación de las cosas, el feng shui. Se lo utiliza para manipular los factores ambientales, de manera que influyan positivamente en la salud, el destino y el *chi* o energía vital de la persona que habita ese lugar.

Aunque algunos principios del feng shui son complejos, este arte supo traspasar todas las murallas, adaptándose y simplificándose de acuerdo con los tiempos, con las culturas que lo adoptaron y con las ocasiones en que se aplica. Este feng shui del bebé globalizado es una combinación del milenario conocimiento chino con secretos y claves de tradiciones aborígenes, sabiduría popular, decoración y salud holística. Lo mejor de este juego es que cada familia invente, a partir de estas simples claves, su propia manera de mantener en alto y positivo la energía del cuerpo viviente que es su hogar.

EL BA-GUA DEL BEBÉ

El feng shui divide los ambientes en ocho sectores más uno central, y cada uno tiene su influencia determinada. Esta división obedece una figura milenaria conocida como "octágono sagrado" o "Ba-Gua", y es una herramienta para localizar las diferentes energías de un lugar, y posteriormente armonizarlas, estimularlas o relajarlas.

El objetivo de esta división es poder definir cada área para realizar en ella las "curas" ambientales necesarias, y así optimizar y positivizar su energía, para provocar efectos desde el entorno hacia el interior del bebé. Las curas son ajustes para mejorar la circulación del *chi*, y ganan en potencia si se las realiza con una intención positiva.

Si bien la configuración de la casa en su totalidad repercute sobre sus habitantes, el cuarto es el que más interrelaciona con esa persona. Por eso conviene realizar las curas ambientales en la habitación del bebé, o en el espacio adonde pasa la mayor parte del tiempo.

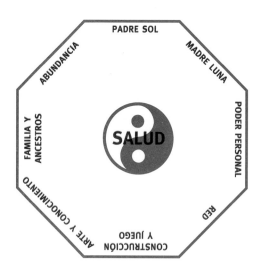

DESCRIPCIÓN DE LOS GUA

Gua del poder personal
Es el lugar de la habitación más apropiado para que el bebé descargue y renueve energías. Es el espacio en el que puede sentirse seguro como para descansar toda la noche con la guardia baja. Por su importancia, es el punto de partida para la ubicación del resto de los Gua.

Gua de la red
La energía de este sector refleja el vínculo con las personas que colaboran en la crianza del bebé, quienes lo cuidan o están a cargo.

Gua de construcción y juego
Es el sector del desarrollo físico, la estimulación motora y el juego. Este espacio debe permitir al bebé experimentar con libertad sus posibilidades de movimiento y de relacionarse con objetos, muñecos y juguetes sin restricciones. El suelo ofrece la altura ideal para este tipo de actividades, y puede convertirse en un espacio irresistible si se lo acolchona con mantas y almohadones.

Gua de arte y conocimiento
Está muy conectado al anterior, ya que la autosuperación, el desarrollo de la inteligencia, la espiritualidad y la expresión artística —campos de influencia de este Gua— se adquieren en la infancia a través del juego, a medida que se construye la personalidad. Es el sector adecuado para ubicar libros, equipos de sonido o instrumentos musicales.

Gua de familia y ancestros
Refuerza los lazos con la familia inmediata, la lejana y los antepasados. Esta energía se concentra si se colocan fotografías o recuerdos que mantengan la presencia familiar en el cuarto del bebé.

Gua de la abundancia
Representa la afluencia generosa de todas las cosas buenas en la vida del bebé.

Gua del Padre Sol
Es el área de influencia del padre y de los hermanos varones. Representa la energía masculina de la acción y la expresión. Tiene relación con la vida social y comunitaria.

Gua de Madre Luna
Es la zona de la energía maternal y de las hermanas. Influye sobre las emociones, la nutrición afectiva, y es una excelente ubicación para la lactancia.

Gua de la salud
Simboliza el bienestar de cuerpo y alma. Se conecta con las otras ocho áreas y las unifica.

UBICACIÓN DEL PLANO DE BA-GUA

Hay una zona en cada habitación de la casa donde tendemos a quedarnos naturalmente. Es un espacio en el que nos sentimos cómodos y seguros, y lo reconocemos instintivamente. Suele ser el rincón adonde ubicamos nuestra cama o ese sillón tan relajante en el living. Son nuestros sitios de poder personal.

Esto tiene que ver con muchos factores. Uno de ellos es la sensación de seguridad que nos brindan determinados espacios. Los lugares que elegimos no tienen aristas o salientes en las paredes, seguramente no estamos de espaldas a la puerta, o quedan fuera de nuestra mirada posibles peligros o sombras amenazantes. Otro es la energía telúrica de cada sector de la casa, que influye a su manera, atrayéndonos, causándonos rechazo o estimulando determinada actividad. La gama de influencias ambientales es tan amplia como la comunidad biótica que contiene a nuestro hogar. Por lo tanto, ninguna regla para ubicar el Gua del poder personal reflejaría la complejidad de semejante entretejido. Para localizarlo, la única garantía es una apertura a la intuición y una observación atenta de cómo reaccionan nuestro cuerpo, nuestras emociones y nuestros sentidos al lugar que se examina. El Gua del poder personal se percibe como una zona cálida, amable, segura y confortable. Es la ubicación ideal para la cuna del bebé.

Algunas guías facilitan su reconocimiento:

- El sector donde se ubique la cuna debe permitir el alcance de visión más amplio posible del bebé. Cuanto más pueda ver de la habitación, mayor será la sensación de control, expansión y comodidad.
- La puerta debe verse fácilmente desde la cuna, lo que provee paz y seguridad. Ver la puerta permite conocer qué circunstancias o personas se acercan.
- Por la puerta de entrada ingresa el *chi* o energía al ambiente. La cuna no debe dar directamente a la boca del *chi*, para evitar accidentes o enfermedades. Para el pequeño, puede ser un aluvión energético que no está preparado para procesar.
- La cabecera de la cuna debería encontrarse contra la pared o un rincón. El centro de la habitación no es recomendable, ya que es un lugar de paso, y de confluencia energética excesiva.

Una vez localizado el Gua del poder personal, se acomoda el plano del Ba Gua sobre el de la habitación, y se reconocen los restantes Gua de la rueda.

Como las vibraciones ambientales se transforman, hay que estar alertas para dar vuelta los muebles cada vez que se note una disminución en la vitalidad del ambiente.

RECOMENDACIONES GENERALES

- Decorar la habitación del bebé como un acto de amor. Divertirse mucho, y generar en el ambiente el clima que se desea para el pequeño.

- Si el bebé va a compartir el espacio con otros miembros de la familia, es importante que su sector quede diferenciado y reconocido como especial.

- En lo posible, elegir una habitación alejada de la puerta de entrada de la casa, detrás de su línea central.

- Si la habitación o el espacio es muy pequeño, la cura es colocar carrillones o cristales de feng shui —se venden en negocios orientales— o móviles con sonido en el centro de la habitación, para expandir el *chi*. Algunos carrillones están adornados con mariposas, símbolo de la transformación y la libertad, detalle que le agrega un efecto renovador.

- Mantener ventilada la habitación del bebé para que circulen los gases y las energías nocivas.

- Quitar del campo visual del bebé todos los artículos que no debe tocar.

Cómo activar los Gua

Para armonizar, relajar o estimular cualquiera de los Gua, basta con conectarse con ese espacio y hacer alguna modificación con la intención de producir cambios. Buscar elementos de decoración infantil que reproduzcan la sensación que se desea obtener: móviles de colores alegres, espejos irrompibles, cuadros con representaciones de la naturaleza y del cosmos... todo vale.

32. GRANOS DE YIN YANG

😊Los encargados de decorar el Gua del Padre Sol deben ser el papá y/o los hermanos varones. Tienen piedra libre para colgar banderines de su equipo favorito, muñequitos del espacio exterior, o notitas con mensajes para el bebé. Si el papá no está o no hay papá, es importante que la mamá o quien esté con el bebé dedique este espacio a su presencia, de todas maneras, para que la energía masculina se sostenga.

😊El Gua de la Madre Luna es territorio de la mamá y las hermanas, que también pueden mostrar su creatividad y talento inventando una decoración con estilo propio. Si por cualquier circunstancia la mamá no vive con el bebé, es fundamental armar un espacio que mantenga esta energía.

😊Los adornos hechos por las manos de los seres queridos tienen una vibración amorosa especial, y siempre dan una cuota extra de calidez a cualquier ambiente.

😊Las artesanías hechas por chicos dan aire fresco y alegre al cuarto del bebé, y son una opción divertida, económica y muy original. Se pueden enmarcar dibujos dedicados especialmente al recién llegado, o hacerle juegos con origamis infantiles.

33. PARA MANTENER EL *CHI* EN ALTO

😊No guardar ni exponer objetos rotos o con reparaciones visibles.

😊Siempre es mejor usar juguetes, objetos, muebles y ropa de primera mano. Los artículos que pertenecieron a otra persona tienen restos de su *chi*. De todas maneras, es posible hacer una limpieza energética. Los muebles pueden transformarse con algún tipo de renovación, como pintarlos o decorarlos de una manera personal. Sahumar con romero limpia y renueva el aura. Para la ropa, se puede agregar una taza de té de ruda por balde en el enjuague, ya que esta planta actúa como limpiadora del campo etérico.

Usar una cuna nueva o curar una cuna heredada. Si se va a utilizar una cama que perteneció a otro bebé, hay que adornarla, pintarla y hacerle una decoración nueva. En lo posible, estrenar sábanas, almohadas y colchón.

No guardar nada debajo de la cuna. Los elementos ocultos cargan con energías innecesarias y sospechosas. Al retirar objetos que están bajo la cuna o una cama, se siente un efecto de alivio y liberación.

Si la habitación tiene baño, hay que cuidar que la puerta de éste siempre permanezca cerrada, para no perder el *chi* ni la salud. También mantener cerrada la tapa del inodoro. Cuidar que en el baño no haya pérdidas de agua y mantenerlo prolijo, limpio y bien decorado.

Emplear materiales sanos y naturales en la habitación de los bebés y niños pequeños. Evitar aglomerados, pinturas y barnices sintéticos; preferir maderas macizas, con acabados naturales, fibras naturales y pinturas al agua.

34. EL FENG SHUI DEL RELAX

Usar colores claros para las paredes y puertas de la habitación del bebé. No es necesario que sean pasteles, pero sí que emitan una vibración calma.

Reducir la cantidad de muebles en la habitación favorece la claridad interna y la relajación mental.

El exceso de estímulo sonoro o de luminosidad en el ambiente causa desasosiego en los bebés, ya que son más sensibles que los adultos. Si un sitio le resulta hostil, una de las maneras de demostrarlo es quedarse dormido cuando está en ese lugar, y despertarse con llanto.

Una fuente de agua con flores flotando, o una velita, en el Gua de arte y conocimiento relaja la mente y las ansiedades.

La naturaleza es fuente de paz y armonía. La presencia de plantas y animales entretiene al bebé y lo vincula de manera espontánea con otros reinos del planeta.

35. PARA MANTENER UNA BUENA SALUD

Las plantas tienen un efecto naturalmente positivo en la salud. El verde es el color asociado por excelencia a la sanación. Además, renuevan el oxígeno y aportan energía vital. Influyen sosteniendo el proceso de encarnación.

Pintar la puerta de color verde suave tiene efectos curativos y brinda buena suerte.

El amarillo es un color relacionado con la inteligencia, que favorece la autocuración. Una manta de color amarillo suave, o combinada con verde, colabora con los procesos de recuperación del cuerpo.

Un móvil con tonos verdes en el Gua de la salud activa el bienestar físico.

36. EL TECHO ES EL CIELO

Los techos inclinados provocan tensión mental, sentimiento de opresión y decaimiento de la energía personal. Una buena cura es colgar móviles de estrellas o planetas, que en lo posible tengan tonos metálicos o agregado de brillantina. La intención es dispersar la energía aplastante y abrir el espacio mental.

Las vigas que se encuentran sobre la cuna pueden tener una acción negativa sobre la zona central del cuerpo. Las tiendas de feng shui ofrecen esferas de cristal facetado que, colgadas en cada extremo, armonizan y redistribuyen la energía. Se pueden reemplazar por cualquier tipo de esfera con superficie metalizada. Lo importante es mantener la intención de armonizar y redistribuir la energía en el momento de colgarla.

37. RENOVACIÓN ENERGÉTICA DEL AMBIENTE

Limpiar con frecuencia la habitación del bebé libera no sólo de partículas físicas sino también de la tensión acumulada, ya que la energía se ensucia también en los niveles sutiles y provoca estancamiento.

Al menos una vez por semana, es importante dedicar un espacio a la limpieza energética. Sahumar con romero, salpicar con té de ruda o con agua bendita libera de oscuridades el ambiente.

Para elevar las vibraciones ambientales, se puede sahumar con cascaritas secas de limón, mandarina o naranja.

Las flores frescas aportan energía viva y renuevan el ambiente. No se recomienda usar flores secas, ya que no tienen energía vital. Reemplazar las flores frescas a medida que se marchiten garantiza una buena circulación del *chi*.

38. SÍMBOLOS MÁGICOS

Las estrellas y los peces son símbolos de riqueza y prosperidad, ideales para colocar en el Gua de la abundancia. Pueden estar en forma de móviles, cuadros o muñecos.

Los bebés y niños pequeños tienen mucha conexión con la espiritualidad. Un detalle de alguna figura sagrada que tenga significado especial para los padres dará a la habitación una sensación de paz y refugio.

Las flautas de bambú que se consiguen en tiendas orientales o de feng shui representan la paz, la seguridad, el crecimiento y la protección, además de bendición espiritual. Un buen sitio para colgarla es el Gua del poder personal.

Caleidoscopios de cristal

Los cristales son utilizados para armonización, curación energética, conexión con planos interiores y meditaciones. Se los define como luz concentrada en materia terrestre. Actúan sobre los campos sutiles, sintonizando su frecuencia vibratoria con la del aura humana. Esta resonancia equilibra, estimula o relaja los cuerpos energéticos, y les transmite su armonía geométrica.

Cada cristal tiene una vibración específica, actúa sobre diferentes planos e interactúa con distintos chakras. Sus efectos varían también de acuerdo con la sensibilidad de la persona que los experimenta. Algunos bebés son extremadamente sensibles a la vibración de los cristales, por lo que hay que chequear su reacción para evitar un sobreestímulo energético.

CRISTALES MÁS APROPIADOS PARA BEBÉS

- Turmalina negra: recicla la negatividad. En la entrada de la casa, limpia la carga de las personas que llegan de la calle. Ancla las energías en el plano terrestre, favoreciendo un ambiente armónico. Es una piedra protectora.

- Amatista: favorece la tranquilidad y la serenidad. Transmuta las energías negativas y densas. Armoniza todos los chakras. Beneficia el descanso y el buen dormir. Es violeta.

- Cuarzo rosa: su vibración es el amor incondicional hacia uno mismo y los otros. Abre el chakra cardíaco. Conecta a los adultos con la sensibilidad del bebé.

- Ágata de encaje azul. Actúa sobre el quinto chakra, el larín-geo. Ordena la comunicación y transmite paz. Su tonalidad es azul claro, con líneas en diferentes transparencias.

- Cuarzo verde: sanador por excelencia. Actúa sobre el chakra cardíaco, pero desde allí irradia a todos los demás.

- Aguamarina: calma traumas emocionales del nacimiento, haciendo más fluido el pasaje de una dimensión a otra. Es transparente, con tonalidades celestes.

- Cornalina: se relaciona con el segundo chakra. Mantiene la creatividad abierta y ayuda a despojarse de tabúes. Los niños pequeños se sienten muy atraídos por su color anaranjado brillante.

RECOMENDACIONES GENERALES

- Adquirir cristales a comercios o personas que se perciban positivos. Utilizar la intuición y las respuestas corporales para elegirlo. Dar importancia a las sensaciones de calor, frío o picazón en la mano, electricidad en el cuerpo, sen-sación de que un cristal "nos llama".

- Al llevarlo a casa, limpiarlo de inmediato. Esto se hace colocando el cristal en una copa con agua pura y sal ma-rina. Algunos cristales necesitan más tiempo que otros para purificarse. Esto se puede percibir. A veces aparecen burbujitas en el agua, y eso significa que está limpio. Si hay dudas, dejarlo una noche completa. El siguiente paso es exponerlo al sol y a la luna, en lo posible en un jardín o maceta, en contacto con la tierra.
Esta limpieza debe repetirse cada vez que se percibe el cristal descargado, como si hubiera perdido su vitalidad. Esta apreciación será más contundente a medida que se produce una relación con el cristal. Actuar intuitiva y es-pontáneamente es la mejor manera de conectarse.

- Para usar cristales con un bebé, es preciso tener la certeza de que se elige la gema apropiada y correcta. El camino más fácil no es buscar esta certeza, sino descartar las dudas.
  Una manera es colocar una piedra en el cuarto del bebé, en actitud meditativa, y sentarse a percibir lo que transmite. Si la energía se siente liviana, serena, relajada, refrescante, o tiene vibraciones felices aunque no puedan definirse, es el cristal correcto. Si hay dudas, o no se entiende bien la energía que transmite la piedra, es mejor no usarla. Tal vez sirva en otro momento, o no sea adecuada para el bebé. Unos pocos minutos de meditación sirven para detectar estas sutiles diferencias.

- En el trabajo con bebés, siempre es necesario combinar cualquier cristal o cristales con una turmalina negra. Esta gema tiene la función de anclar la energía. La turmalina negra sostiene la frecuencia del aquí y ahora mientras las otras gemas actúan sobre el cuerpo energético. Esto es muy importante, ya que los bebés sienten gran atracción por los viajes interdimensionales.

- No poner los cristales directamente en la cuna del bebé, ya que puede resultar una vibración muy intensa.

- Antes de usar gemas, tomarse unos momentos para serenarse, bajar los decibeles, e invocar a los maestros de los cristales, o a los propios guías o ángeles de la guarda, para que asistan la tarea.

39. BUENAS VIBRACIONES DECORATIVAS

Los cristales se pueden colocar en el cuarto del bebé, en el Gua de la familia, para que los cristales armonicen la situación de todos los integrantes de la casa.

★ La mamá puede usarlas en un colgante o en el corpiño para que, al influir sobre ella, el efecto también se transmita al bebé. En el momento de amamantar o de estar en contacto piel a piel con su hijo, es preferible quitarlos para que la intensidad no sea excesiva.

40. MANDALAS CRISTALINOS

★ Los mandalas son representaciones geométricas o formas naturales que influyen en la armonía psíquica, emocional, espiritual y física. Para confeccionarlo, no se necesita experiencia o conocimientos previos, sino apertura a la intuición y ganas de jugar. En función de lo que el bebé necesita, se puede armar un mandala relajante con cristales.

- Antes de comenzar, pedir asistencia y clarificar la intención, es decir, lo que se espera armonizar con el mandala: serenidad, comunicación, comprensión, alegría, paz familiar, orden.
- Se pueden colocar cristales para cada miembro de la familia, para la armonía entre dos o tres de ellos, o del conjunto.
- En un estado meditativo, se coloca una piedra central, que será la que dirija la energía hacia el resto.
- A partir de allí, se van disponiendo los demás cristales, encontrando un sentido personal a la figura que va tomando forma.
- Para activar el mandala, encender una velita a su lado.
- Los mandalas se pueden mantener activados hasta que la energía se ordene, o hasta que surja la necesidad de disponer los cristales en otra configuración.

Cunas y lunas

Los bebés llegan a este mundo con un patrón de descanso totalmente distinto al de los adultos y, en ciertos aspectos, opuesto. A medida que comenzamos a civilizarnos, los humanos nos inclinamos a dormir un promedio de ocho horas por día. Pero de recién nacidos, ocho horas es el período promedio en el que permanecemos despiertos. Las dieciséis horas restantes se dedican a dormir, en fracciones de tres horas, repartidas entre el día y la noche.

Los padres tienen que hacerse a la idea de que éste será un período excepcional, en el que no van a descansar como estaban acostumbrados. No es frecuente que los bebés duerman "de un tirón" nocturno, ya que los requerimientos de la máquina humana son otros mientras aún se encuentra en vías de desarrollo intensivo. Recién a los tres meses, el ritmo comienza a adaptarse, alternando fases más prolongadas durante la noche (hasta siete horas corridas), y momentos más largos de vigilia en el día.

El aprendizaje del buen dormir debe hacerse a partir de las tendencias y los ritmos naturales del bebé, para lo cual las personas que lo atienden tienen que registrar sus patrones del sueño, y permitirle expresarlos: no despertarlo a destiempo, no pretender que duerma cuando está alerta, aprovechar las fases de sueño ligero para ofrecerle alimento.

La sincronización con los ritmos familiares de sueño y vigilia puede tomar hasta un año, o un poco más en algunos chicos. Depende de muchos factores, en especial del estrés que se perciba en la casa, estímulos muy agresivos, y la intensidad del trauma del nacimiento.

Conciliar el sueño involucra la posibilidad de entregarse, aflojarse, dejarse llevar. Esto no es fácil ni para los papás

ni para el bebé, ya que todos cargan con el estrés que produce, necesariamente, cualquier adaptación, en especial
una tan trascendental como la que están viviendo.

Soñar como un bebé

*El bebé tiene dos tipos de sueño, bien diferen-
ciables. Uno es el sueño profundo. En esta fase
su respiración es regular y profunda, sus ojos
están cerrados, sus facciones totalmente rela-
jadas y no se observa ningún tipo de movimiento en su cuerpo. El bebé está relajado y
tiene las manos abiertas.*
*Otra forma de estar dormido es el sueño ligero.
El bebé tiene los ojos cerrados, pero observando con detenimiento se pueden percibir rápi-
dos movimientos del globo ocular debajo de
los párpados. La sigla en inglés para esta fase
del sueño es REM (Rapid Eye Movement). El
ceño está fruncido, hay muecas, su respiración
es irregular, hay lentos movimientos en las ex-
tremidades y los puños están cerrados.*

RECOMENDACIONES GENERALES

- La lactancia materna favorece el ritmo de sueño. Esto se
  debe a que la leche de madre contiene elevados niveles
  de triptófano, un aminoácido esencial que el cuerpo utiliza para fabricar niacina y serotonina, las cuales producen
  un sueño saludable y un humor estable.

146

- Respetar la siesta del bebé. No dormir por la tarde interrumpe el sueño nocturno, y puede conducir a alteraciones del sueño en general y a terrores nocturnos.

- Si el bebé gatea o camina, en las últimas horas del día hay que empezar a restringir el movimiento, para aquietar la velocidad del día. Reducir el espacio de juego o exploración con almohadones o muebles.

- El bebé puede quedarse más tranquilo a la noche si tiene una luz prendida, ya que puede distinguir las formas de lo que lo rodea. La luz artificial no es recomendable, ya que altera el sueño normal. Es mejor prender una velita de noche en un lugar seguro de la habitación.

- Los resultados en investigaciones sobre muerte súbita del lactante recomiendan elegir para el bebé un colchón firme y acostarlo sin almohada. La posición para dormir debe ser boca arriba o de costado. Nunca boca abajo.

- Evitar cambiar el pañal del bebé por la noche. En el último cambio, ponerle una crema protectora de la piel (puede ser de caléndula) para controlar paspaduras, si hace mucho pis. Colocarle el pañal correctamente, para que no se produzcan desbordes.

- Elegir ropa de dormir, mantas y sábanas de telas naturales. Los materiales sintéticos obstaculizan la buena descarga electromagnética, es decir, el cable a tierra necesario para un buen descanso.

- Acolchonar los bordes del moisés o la cuna. Los bebés tienden a acomodarse buscando el límite del espacio.

- Mantener la habitación del bebé a una temperatura agradable. El calor o el frío pueden despertarlo durante la noche.

- Dejar la puerta entornada o abierta relaja al bebé y a los adultos.

- Prestar atención a lo que tiene lugar antes de ir a dormir. Si la televisión está encendida, evitar programas con exceso de gritos o escenas violentas. Mantener el volumen lo más bajo posible, para evitar estrés en el bebé.

- El bebé y la mamá comparten el aura emocional, como si ambos estuvieran respirando dentro de la misma burbuja. Para que el pequeño duerma con tranquilidad, ella debe lograrlo en primer lugar. Puede indagar en técnicas de relajación, masajes de reflexología, tés de hierbas sedantes u otras técnicas naturales para conciliar el sueño. Los medicamentos para dormir quedan descartados, ya que son incompatibles con el amamantamiento.

- Algunas actitudes de los adultos pueden interrumpir el buen descanso del bebé. Por ejemplo, chequear constantemente si duerme bien, o controlar por qué hizo determinado ruido. A no ser que se sospeche un malestar, lo mejor es no preocuparse por los movimientos o sonidos que el bebé hace al dormir.

- No fumar en el interior de la casa. El humo de cigarrillo provoca irritación en los pulmones, que puede derivar en ronquidos. Esto impide acceder a las fases de sueño profundo. Además, es un factor asociado a la muerte súbita del lactante.

- La luna tiene gran influencia en el dormir. Prestando atención durante algunas semanas a la fase lunar y la forma de descanso por la noche, es posible encontrar patrones que se repiten. Llevar un registro de la influencia de la fase lunar en el ritmo nocturno del bebé puede dar pistas para organizar su sueño.

- Si el papá se involucra desde el primer día en dormir al bebé, su figura adquirirá cada vez más protagonismo. Cuando llegue la hora de inculcar límites nocturnos, su función será esencial para lograr que la familia tenga un buen descanso. Dormir al bebé al menos una vez por día garantiza un reconocimiento y estimula el vínculo entre ambos.

41. TETA SEDANTE

Para que el bebé tenga un buen dormir, retirar bebidas cafeinadas de la dieta materna (gaseosas, té, café, mate y otras).

Si el pequeño ya come sólidos, asegurarse de que la dieta incluya suficientes alimentos ricos en el aminoácido triptófano, que ayuda a estabilizar el humor y alivia el estrés. Se lo encuentra en bananas, queso cottage, pescado y leche, entre otros alimentos. Si todavía no come, el triptófano puede llegar a través de la leche de madre.

La levadura comestible es rica en vitaminas, especialmente del grupo B, y de otros minerales que contribuyen a calmar el sistema nervioso. Se adquiere en comercios naturistas. La mamá puede incluirla en su dieta, si amamanta, espolvoreando una cucharada sobre cualquier preparación.

Por la noche, evitar proteínas animales. Reemplazar por cereales, pastas, verduras, huevo, lácteos. Las frutas, sobre todo la banana, son también buenas inductoras del sueño.

Evitar las porciones muy abundantes de comida en la cena.

Si el bebé llora antes de que pasen dos horas de la última teta, hay que probar en primer lugar si se relaja sin mamar nuevamente. Si toma biberón, habría que esperar dos horas y media. Si el bebé toma leche de más, va a tener dolor de estómago, y seguir amamantándolo lo alterará aun más.

42. ¿DORMIR CON MAMÁ Y PAPÁ?

Ésta es una de las decisiones clave de los nuevos padres. Los consejos, recetas y amenazas están en boca de todos: están quienes advierten que no hay que malcriar a los bebés llevándolos a dormir a la cama de los padres, y quienes sostienen todo lo contrario: que dormir con ellos es lo más saludable para su desarrollo.

La tendencia actual de los pediatras y terapeutas es recomendar el contacto físico nocturno, ya que tiene muchas ventajas, en especial durante los primeros meses del bebé. UNICEF, junto con la Fundación para el Estudio de las Muertes Infantiles, también promueve una campaña internacional para favorecer el dormir en la cama con los padres.

Por su parte, la corriente conductista propone un entrenamiento en el buen dormir. Estos métodos son muy cuestionados en la actualidad porque no tienen en cuenta los requerimientos psíquicos y emocionales del bebé. Su utilización se recomienda en muy pocos casos.

Las reglas están para romperse, y eso es algo que cualquier padre o madre descubre apenas el bebé se incorpora a la familia. Encontrar la propia manera, tomando en cuenta las necesidades de todos, y observando al bebé con una mirada sin prejuicios es esencial para lograr un sueño saludable y razonablemente descansado.

Colecho

Dormir con el bebé recibe el nombre de colecho. No tiene que ser necesariamente en la misma cama, sino que cada familia puede adaptar esta manera a sus necesidades específicas, para encontrar el punto exacto entre contención y comodidad. Las opciones más simples son tener una cuna especialmente diseñada para adosar a la cama familiar; o bien usar una cuna convencional sin uno de los lados y adjuntarla a la cama donde duermen los padres.

El colecho es beneficioso por muchos motivos. Entre ellos:

- Es una manera de crianza ancestral, practicada desde los comienzos de la evolución humana.
- Permite a las madres amamantar a sus bebés durante la noche, casi sin despertarse.
- Los bebés reciben protección, afirmación emocional, calor y leche materna.
- Los padres están al lado del bebé, para ayudarlo si tiene frío, vómitos, fiebre o cualquier necesidad.
- La proximidad con su madre estimula la lactancia materna. Los niños que duermen con sus padres se amamantan más a menudo que los que duermen en otra habitación: casi el doble y durante casi tres veces más tiempo.
- Su fase profunda de sueño es mucho menor, con lo que el riesgo de la muerte súbita —que se supone ocurre en esta fase— es más bajo. Debido a que el desarrollo neuronal del bebé se potencia en la fase de sueño ligero, el colecho estimula su desarrollo mental.
- Los niños que duermen al lado de su madre lloran menos y están menos tiempo despiertos.
- La comodidad de no tener que levantarse de la cama, sobre todo en época de frío, hace que la madre y el bebé normalmente vuelvan a dormirse casi enseguida.

Alrededor del colecho ronda el fantasma de la asfixia, lo cual inhibe a muchos padres de implementar este método. Esta creencia fue fomentada en la Edad Media, cuando las muertes de bebés eran una constante, y las familias aducían que había sido por asfixia. Investigaciones históricas sugieren que las causas reales eran la pobreza (nacían demasiados bebés y no era fácil alimentarlos) y la no tolerancia del llanto.

Según las estadísticas médicas, las posibilidades de asfixia son mínimas. Si además se tienen en cuenta ciertas precauciones como las que siguen, el colecho es una opción segura.

- Que el bebé duerma en el espacio entre la pared y la madre, no entre ambos padres, durante los primeros tres meses.
- Las personas que duerman con un bebé tiene que descartar pastillas para dormir, drogas o alcohol, porque pueden ser disparadores de muchos factores de riesgo.
- Tampoco deben dormir con el bebé personas que fuman, aunque lo hagan fuera de la habitación.
- No usar colchones de agua ni el sofá para dormir.
- El mejor modo de colecho para padres obesos es adosar la cuna a la cama, y respetar los espacios para el sueño.
- Las mamás que usan el pelo largo deberían atarlo por la noche, para evitar accidentes.

Modalidades conductistas

Algunos autores sugieren la puesta en práctica de estrategias para acomodar los ritmos de sueño del bebé a las necesidades de descanso de los padres. Según sus difusores, el principal beneficio de esta modalidad es la instalación de hábitos de independencia desde la edad temprana. Estas técnicas incluyen, preferentemente, un espacio para el bebé aislado de sus padres.

Los métodos proponen un adoctrinamiento de la conducta, y consideran manipulaciones del bebé a los mecanismos que provocan que llore de noche, se despierte o necesite acompañamiento para dormir tranquilo.

En muchos casos, las indicaciones conductistas dan resultado. Pero lo más probable es que el bebé se duerma por cansancio, de tanto llorar en su cuna, o como un mecanismo para bloquear la angustia inconcebible que le produce la ausencia de un sostén.

Algunas pautas, sin embargo, pueden ser útiles para los bebés más grandes (un año o más), o en casos de niños mayores con problemas mentales severos, que están impedidos de controlar su conducta por sí mismos.

Estos métodos, además, tienen una contraindicación: no se recomienda su aplicación antes de los seis meses.

43. HÁBITOS DE SUEÑO

Los bebés tienen semidespertares durante la noche, durante los que chequean que el entorno siga tal cual lo dejaron al cerrar los ojos. Si el bebé se durmió con su mamá cerca, va a buscarla y reaccionará despertándose si no la encuentra. En los primeros seis meses, esto es prácticamente inevitable, y no debería intentar controlarse. A partir de ese período, cuando empieza a alternar el pecho o el biberón con la alimentación sólida, es posible comenzar a incorporar hábitos de sueño.

La propuesta de dormir toda la noche debe ser una invitación para el bebé. Si percibe que la intención es quitárselo de encima, la lucha está garantizada. En cambio, con actitudes amorosas y positivas, las probabilidades de una noche descansada son mucho más reales. Una vez más, el corazón abierto y la paciencia son las claves para el proceso de adaptación natural a las condiciones del hogar. Algunas sugerencias para incorporar el sueño nocturno son:

Iniciar el aprendizaje de hábitos en la fase lunar que más favorece el descanso del bebé.

Diseñar una rutina acorde con las necesidades y los ritmos propios de cada familia. Establecer horarios de baño, comida y cuna.

Elegir un horario para acostar al bebé, y mantenerlo despierto las dos horas anteriores.

Inventar un ritual para irse a dormir, por ejemplo, dar las buenas noches a la familia con una canción o un saludo especial, teniendo cuidado de no excitarlo, sino de demostrarle que el período que sigue es de calma. Introducir un muñeco blando y atractivo, de colores no muy brillantes, y presentarlo como un amigo del sueño, que va a dormir con el bebé.

Hacer de la noche una amiga, mediante cuentos simples, poemas, historias de la luna, de las estrellas, duendes que llegan en los sueños. Aunque el bebé no capte un significado literal, percibe las vibraciones de seguridad, y la certeza de que la noche es un tiempo mágico y encantador.

Prestar atención a la letra de las canciones de cuna tradicionales. Algunas incluyen figuras folclóricas como el cuco o la vieja de la bolsa, que no son el mejor referente para antes de dormir. En estos casos, vale mantener el ritmo y la armonía de la tradición, pero reversionando el contenido. ¡La imaginación al poder!

Acostar al bebé cuando todavía está despierto, y acompañarlo con canciones de cuna en tono bajo, y caricias suaves en la mano. Apoyar la mano en el sacro del bebé le brinda contención y sostén en el pasaje hacia el reino de los sueños.

El adulto que acompañe al bebé debe abrir su espacio interno para este momento. Debe permanecer a su lado sin tener la meta de que el bebé se duerma en un lapso determinado, y sin pensar en todo lo que podría estar haciendo, o lo que tiene que hacer cuando el chiquito cierre los ojos.

Es importante que la mamá o la persona maternante registre si en algún momento su presencia se vuelve contraproducente para el descanso del bebé. En especial si el adulto está tenso, o pensando en sus cosas, o con ansiedad porque el niño se duerma, éste puede reaccionar de la manera contraria. En estos momentos, se puede probar retirarse del cuarto y observar qué ocurre.

No es prudente dejar llorar a los bebés solos en la cuna. El sostén es una de las pocas maneras que tienen de calmar la angustia inconcebible, y esto sólo se lo puede brindar una presencia maternante. No contar con este contacto esencial puede implicar riesgos en su salud psicológica.

Cuando el bebé se despierte para comer durante la noche, es importante mantener el clima de tranquilidad, alimentándolo en silencio, pero con caricias relajantes. Siempre respetar el eructo antes de volver a acostarlo.

Si el bebé se despierta de noche, calmarlo siempre de la misma manera, preferentemente acariciándolo y arrullándolo sin levantarlo de la cuna. Todo lo que sea repetitivo enseña al bebé a establecer un patrón de respuesta al estímulo.

Muchas veces resulta más efectivo que sea el papá y no la mamá quien acuda a calmar al bebé si se despierta de noche. El límite masculino, siempre amoroso, es menos confuso.

44. AROMATERAPIA ONÍRICA

Agregar en el agua del baño flores de manzanilla o de lavanda. Ambas son relajantes del sistema nervioso y del aparato digestivo.

Poner un cuenco con flores de lavanda cerca de la cuna del bebé.

45. HIERBAS PARA DULCES SUEÑOS

Si el bebé ya come, darle de beber media taza de té de manzanilla en la última comida.

La mamá que da el pecho puede beber una combinación de té de manzanilla y de tilo.

46. MANOS DE MORFEO

(Para localizar los puntos de digitopuntura, véanse ilustraciones en páginas 44 y 45.)

Un bebé está sometido a mucha información nueva cada día. El meridiano Vejiga 60 ayuda a relajar la energía y calmar la excitación mental.

Pericardio 6 ayuda a relajar la mente y reduce la excitación.

Masajear los músculos a cada lado de la espina dorsal contacta una serie de puntos que ayudan a relajar el sistema nervioso en su totalidad.

En los dedos gordos de ambos pies se encuentran puntos reflejos de la cabeza. Acariciar la yema de estos dedos, y el borde de las uñas, en un contacto suave y relajado.

47. FLORES SOMNÍFERAS

Si el bebé tiene dificultad para conciliar el sueño, combinar Agrimony (ayuda a encontrar la paz interior) con White Chesnut (calma la mente).

Si el bebé se despierta asustado y llora mucho en cualquier momento de la noche, puede padecer terrores nocturnos. Estos episodios se caracterizan por gritos, golpes, confusión, sudor y respiración rápida. En general, ocurre un par de horas después de que el niño se queda dormido, o cuando está saliendo de la fase de sueño profundo, sin soñar. La flor para tratar este miedo es Rock Rose.

 Los bebés están muy conectados con el mundo energético. La noche ha sido relacionada en todas las mitologías con las fuerzas oscuras, el inframundo, las sombras. Los pequeños pueden percibir vibraciones o figuras que lo asusten. Aspen es una flor que protege de la percepción del entorno energético.

48. CHAKRA NOCTURNO

 El Ajna-Chakra, o "tercer ojo", está en relación tanto con los ojos como con la visión interior, los sueños y la vida psíquica. Bien alineado, funciona como una verdadera tecla *off* para el torbellino mental que perturba la llegada del sueño. Para armonizarlo, colocar el dedo pulgar en el entrecejo ejerciendo una presión suave, y susurrar el mantra del chakra: Om.

49. SUEÑOS MÁGICOS

⭐ Ángel de la guarda

La oración nocturna al ángel de la guarda relaja el sueño del bebé, y reconecta a los adultos con ese lugar mágico y sagrado de su propia infancia.

"Ángel de la guarda, dulce compañía, no me desampares ni de noche ni de día. No me dejes solo, que me perdería."

⭐ Mantita protectora

Donde hay un bebé, siempre hay una mantita. Y para honrar al recién nacido con una, nunca está de más un poquito de magia materna. Antes de estrenarla, buscar un espacio de quietud, envolverse en ella y cargarla con el amor desbordante hacia el niño, y con la paz y la protección que deseamos brindarle. Invocar y visualizar a su presencia protectora, pidiéndole que se mantenga siempre alerta en el cuidado del bebé. Al lavarla, eliminar toda molestia o elemento discordante que pueda afectar su vulnerable mundo. Secarla siempre al sol.

⭐ Luna se escribe con tinta

El tiempo que dura la adaptación del bebé al modo de dormir familiar es un período excelente para que la mamá trabaje con un diario de los sueños. Ya que se despertará varias veces durante la noche, le será más fácil recordarlos. A esto se suma el beneficio de la intuición ampliada que tiene la mujer durante el puerperio.

Un patrón muy interesante de observar es en qué momento del sueño de la madre se despierta el bebé durante la noche. Este tipo de trabajo interno proporciona mucha información, tanto del inconsciente como de planos sutiles.

⭐ Atrapasueños

Cuenta la leyenda que este amuleto contiene un espíritu con forma de araña, que tiene el poder de capturar los sueños buenos para que se hagan realidad. A la vez, hace desaparecer las pesadillas y los sueños feos, llevándoselos a través de los agujeros de su tela.

50. DICEN LOS QUE SABEN...

La manera de la abuela

Para el sueño cambiado, colocar un peine abajo del colchón.

La manera de papá

"A veces, a la noche, Matías se despertaba y mi mujer sentía que no era momento de darle el pecho. Entonces daba más resultado si iba yo a calmarlo. En principio, intentaba no levantarlo de la cuna, lo acariciaba en la espalda y le cantaba arrorró muy bajito. En general, se volvía a dormir enseguida", Arturo.

"Con Mariano funcionaba hacerle caricias muy suaves en el entrecejo, yendo desde la frente hacia la nariz, mientras yo le sonreía y le hablaba despacito. Así iba cerrando los ojitos varias veces, hasta que se quedaba dormido", Eduardo.

"Nos decían que si los chicos duermen en la cama de bebés después no quieren dormir solos, pero en nuestro caso no fue así. Ellos duermen en su cama, pero cuando necesitan vienen. De a poco, vienen cada vez menos", Alejandro.

La manera de mamá

"Cuando Diego tenía sueño y no se dormía a upa, a veces me servía acostarme con él (¡hecha un bollito, pero entraba en la cuna!). Nos mirábamos a los ojos, hablando bajito en idioma bebé, y yo le hacía caída de ojos, un poco para enseñarle, un poco para contagiarlo. Lo que era infalible es que, si yo me dormía, él al rato también", Paula.

"A mis cuatro hijos les canté desde que estaban en la panza. Para ir a dormir inventé una rutina de canciones. Esto predisponía a un clima de sueño", Laura.

"Si ponía a los chicos a dormir en la cuna mientras todavía estaban despiertos, dormían más horas. Si se dormían a upa, la noche se complicaba", Paz.

"Si Melisa llora, la levanto hasta que se relaja, y vuelvo a acostarla para que cierre los ojos en la cuna, rodeada de sus muñecos", Gabriela.

"A partir de que se empezó a dar vuelta, Félix cambió de posición para dormir. Ahora duerme de costado o boca abajo. Cuando llora en la cuna, o se despierta con ñañita, lo acomodo —porque no se puede acomodar solo— y sigue durmiendo perfectamente", Sandra.

"Recuerdo con felicidad la noche en que inauguramos la habitación de Julieta. Ella tenía nueve meses, todavía tomaba teta, pero ya no mucho. Hasta ese momento había estado en nuestro cuarto. La noche en que se mudó fue la primera en nueve meses que pude prender la luz y leer un rato antes de dormir. Fue un placer. Y fue la noche en que por primera vez Julieta durmió seis horas seguidas", Ariana.

"Los primeros nueve meses dormimos con Manu en la habitación. Después lo pasamos a la suya, pero, en vez de una cuna, pusimos una cama grande, entonces yo podía amamantarlo y descansar. Muchas veces me quedaba dormida con él", Alicia.

"A Felipe le armamos una carpita en nuestra habitación, con mantas sobre el suelo, y una estructura con telas livianas. Entrábamos los dos muy cómodos, era como jugar a los indiecitos", Gilda.

 El consejo experto
"No hay que acostar a los bebés cuando no dan más de sueño, porque no pueden dormir debido al estrés del cansancio", Sabrina, baby sitter.

SEGUNDA PARTE

Sana, sana, colita de rana

Respuestas y alternativas a los malestares más frecuentes de los bebés

La salud del bebé

Los bebés y los niños pequeños son más sensibles a ciertas enfermedades debido a la inmadurez de su sistema inmunológico y de su organismo en general, que aún está en desarrollo. Muchos padecen enfermedades repetitivas (broncoespasmo, otitis, por ejemplo) y otros tienen tendencia a contagiarse cualquier tipo de microbio.

Llevar un cuaderno de apuntes de la salud del bebé permite realizar un seguimiento revelador, para extraer conclusiones y asociar síntomas a las circunstancias familiares o ambientales. Los adultos pueden convertirse en los mejores aliados del pediatra, si se entrenan en la observación de los procesos corporales del bebé.

CÓMO OBSERVAR AL BEBÉ

Ante la sospecha de una enfermedad:

1. En primer lugar, describir los síntomas con precisión. Si es tos, cómo suena. Si es una mancha en el cuerpo observar de qué color es, cómo son sus contornos, su tamaño.

2. ¿En qué zona del cuerpo se localizan los síntomas? Definir el área con la mayor exactitud posible.

3. ¿En qué horario se agudizan estos síntomas? ¿En qué momento del día mejoran?

4. Observar si el bebé adopta espontáneamente una postu-

ra para calmarse. O si al acomodar su cuerpo de alguna manera, se tranquiliza.

5. Desnudar al bebé para observarlo minuciosamente. Notar si hay cambios en el color del rostro y de la piel. Detectar posibles erupciones.

6. Cómo se desarrollan los procesos naturales del bebé:
   - tiene ganas de comer o tomar la teta, o no;
   - está sediento, o no quiere beber;
   - cómo es su orina, en color y cantidad;
   - mueve el vientre con regularidad, más flojo, o más espaciado. Color de las heces;
   - cómo duerme y cómo se despierta;
   - transpira o no;
   - distribución de la temperatura corporal: tiene los pies o las manos fríos o calientes, o se perciben alteraciones en alguna zona del cuerpito.

7. Tomar la fiebre del bebé. Este chequeo se realiza de la misma manera que en los adultos, colocando un termómetro en la axila durante tres minutos.

8. Indagar los antecedentes de la enfermedad:
   - factores climatológicos;
   - alimentación en los días previos;
   - procesos emocionales en el bebé o la familia;
   - vacunación.

9. ¿Cómo es el comportamiento del bebé durante la enfermedad?
   - grado de vitalidad o decaimiento;
   - estado de ánimo;
   - qué necesidades manifiesta.

En el siguiente capítulo se ofrecen explicaciones, soluciones y alternativas a las enfermedades más frecuentes de los bebés. Por supuesto, los responsables de la salud de un pequeño siempre son los adultos que lo tienen a cargo, por lo que el discernimiento es la única seguridad de que los recursos elegidos son los correctos. La indicación más escuchada vale también en este caso: ante cualquier duda, consultar al pediatra.

CLAVES PARA ELEGIR AL PEDIATRA

El profesional que se ocupará de la salud del bebé debe ser escogido con criterio e intuición. De nada sirven todos los diplomas que cuelguen de las paredes si no se genera un vínculo de absoluta confianza. A pesar de los avances tecnológicos de la medicina, las herramientas más importantes del pediatra siguen siendo su capacidad para escuchar y observar atentamente, tanto al bebé y su cuerpo como a las personas que lo llevan a la consulta. Las siguientes claves pueden ser útiles en el momento de la elección:

- El médico elegido debe tener un trato de respeto hacia el bebé, manipular su cuerpo con suavidad y sin invasión. El mismo respeto debe tenerlo hacia los padres.
- Un buen médico de niños debe ser también un buen comunicador. Es importante que esté dispuesto a explicar en detalle a los padres los procesos que ocurren en el cuerpo de su hijo. Ellos, por su parte, tienen derecho a preguntar todo lo que necesiten saber, hasta que les sea explicado de manera que lo entiendan con claridad.
- El bebé es una persona, no un síntoma. Un profesional criterioso observa y tiene en cuenta el panorama completo, no sólo el síntoma corporal, ya que en la salud y el crecimiento de los pequeños influyen sus circunstancias y factores de todo tipo.
- Un buen pediatra es aquel que cree que es mejor tomar decisiones en conjunto con los padres y no en lugar de ellos.

- Verificar que el pediatra esté al día respecto de los últimos tratamientos e investigaciones en medicina.
- La consulta pediátrica merece tiempo y dedicación, aun si es por obra social. Un médico apurado puede saltear detalles significativos.
- Preferir un pediatra abierto a las terapias alternativas y complementarias. No quiere decir que necesariamente prescriba estos tratamientos, pero sí que esté abierto a escuchar las ideas de los encargados de criar al bebé, y dispuesto a explorar opciones.

Homeopatía para bebés

La medicina homeopática es una excelente alternativa para mantener en equilibrio la salud de los más pequeños. Se la recomienda desde el embarazo y no tiene contraindicaciones. En las afecciones que describimos en este capítulo apenas se menciona esta alternativa, no por descartarla, sino porque las indicaciones de esta especialidad médica son personalizadas.

La homeopatía es muy favorable en el caso de enfermedades repetitivas, y se la aconseja específicamente para afecciones alérgicas; afecciones de nariz, garganta y oído; afecciones broncopulmonares; trastornos digestivos; procesos de la piel; trastornos de conducta y trastornos neurológicos.

Las mismas claves para elegir un pediatra se aplican al médico homeópata.

VACUNACIÓN, ¿SÍ O NO?

El debate sobre la vacunación enfrenta a los miembros de la comunidad médica. Entre ellos se encuentran quienes afirman que gracias a las vacunas fueron erradicadas las mayores epidemias que asolaron a la humanidad, y defienden a capa y espada el calendario de vacunación.
En la vereda opuesta se hallan los médicos que aseguran que la vacunación indiscriminada y masiva tiene más efectos adversos que positivos, y que los efectos secundarios de las vacunas pueden ser el origen de múltiples enfermedades leves o graves. Uno de los puntos más criticados es la presencia de mercurio como conservante en las preparaciones, que tiene pésima influencia en el sistema nervioso. La recomendación de estos médicos no es no vacunar, sino no hacerlo de manera sistemática.
La principal contraindicación de las vacunas es la falta de información. No saber impide a los padres la libre decisión sobre la salud de sus hijos. Es importante preguntar e investigar antes de decidirse. El punto es que los mismos médicos convencionales no están al tanto de las últimas investigaciones, por lo que las bibliotecas, o algunos sitios confiables de Internet, son buenas fuentes. Escuchar lo que tiene para decir un médico naturista y compararlo con la opinión establecida es lo mejor para tener un panorama completo.

DERECHOS DEL NIÑO HOSPITALIZADO

Si un bebé debe ser tratado en el hospital, tanto él como sus padres tienen derechos garantizados por la ley. La Carta Europea de los niños hospitalizados se redactó en 1986 y, partir de su creación, los Estados que adhieren a la Convención sobre los Derechos del Niño la adoptaron y adaptaron, y hoy se la puede encontrar en afiches en los principales hospitales de niños de cada región. Pero que estén escritos y sellados no garantiza que estos derechos

se cumplan, por lo que los adultos deben exigirlos ante un caso de internación.
Estos derechos son:

A. Derecho del niño a estar acompañado por sus padres, o por la persona que los sustituya, el máximo tiempo posible durante su permanencia en el hospital, no como espectadores pasivos sino como elementos activos de la vida hospitalaria, sin que ello comporte gastos adicionales; el ejercicio de este derecho no debe perjudicar en modo alguno ni obstaculizar la aplicación de los tratamientos a los que hay que someter al niño.

B. Derecho del niño a recibir una información adaptada a su edad, su desarrollo mental, su estado afectivo y psicológico, con respecto al conjunto del tratamiento médico al que se lo somete y las perspectivas positivas que ese tratamiento ofrece.

C. Derecho de sus padres o de la persona que los sustituya a recibir todas las informaciones relativas a la enfermedad y al bienestar del niño, siempre y cuando el derecho fundamental de éste al respecto de su intimidad no se vea afectado por ello.

D. Derecho de los padres, o de la persona que los sustituya, a expresar su conformidad con los tratamientos que se aplican al niño.

E. Derecho del niño a una recepción y seguimiento individuales, destinándose, en la medida de lo posible, a los mismos enfermos y auxiliares para esa recepción y los cuidados necesarios.

F. Derecho de los padres o de la persona que los sustituya a una recepción adecuada y a su seguimiento psicosocial a cargo de personal con formación especializada.

G. Derecho del niño a no ser sometido a experiencias farmacológicas o terapéuticas. Sólo los padres o la persona que los sustituya, debidamente advertidos de los riesgos y de las ventajas de estos tratamientos, tendrán la posibilidad de conceder su autorización, así como de retirarla.

H. Derecho del niño a no recibir tratamientos médicos inútiles y a no soportar sufrimientos físicos y morales que puedan evitarse.

I. Derecho a ser tratados con tacto, educación y comprensión y a que se respete su intimidad.

J. Derecho (y medios) del niño de contactar con sus padres, o con la persona que los sustituya, en momentos de tensión.

K. Derecho a la seguridad de recibir los cuidados que necesita, incluso en el caso de que fuese necesaria la intervención de la Justicia si los padres o la persona que los sustituya se los nieguen, o no estén en condiciones de dar los pasos oportunos para hacer frente a la urgencia.

L. Derecho del niño a ser hospitalizado junto a otros niños, evitando todo lo posible su hospitalización entre adultos.

M. Derecho de los niños a proseguir su formación escolar durante su permanencia en el hospital, y a beneficiarse de las enseñanza de los maestros y del material didáctico que las autoridades escolares pongan a su disposición, en particular en el caso de una hospitalización prolongada, con la condición de que tal actividad no cause perjuicio a su bienestar y/o no obstaculice los tratamientos médicos que se siguen.

N. Derecho de los niños a disponer de locales amueblados y equipados, de modo que respondan a sus necesidades en materia de cuidados y de educación, así como de juegos, libros y medios audiovisuales adecuados y adaptados a su edad.

Cólico

El cólico no es un diagnóstico muy preciso, pero podría abarcar a ciertos malestares intestinales producidos por la inmadurez del sistema digestivo del bebé. Se acompaña de ataques de llanto persistentes e inconsolables. Estos accesos suelen durar varias horas, ocurren todos los días a la misma hora, a menudo a la tarde o a la noche, empiezan de repente y terminan de manera abrupta. El bebé está muy incómodo, puede retorcerse, agitar sus manitos, dar patadas o arquear la espalda, y nada que se le ofrezca parece relajarlo.

Los cólicos son más frecuentes en los primeros tres o cuatro meses de vida del niño. Aunque la vida mental no tiene un comienzo absoluto, al final del cuarto mes se inicia un proceso muy importante, la maduración nerviosa, y esto puede marcar el fin de la etapa de cólicos. Pero en algunos chicos, estas crisis de llanto y molestia perduran durante el primer año de vida.

Aunque desde hace tiempo se cree que el cólico es provocado por gases, esto nunca fue demostrado con certeza. Durante los primeros seis meses de vida, los bebés crecen de una manera sorprendente. En este período, duplican el peso que tenían al nacer. Debido a la cantidad de comida que procesan, es probable que sufran de indigestión y gases. Pero un solo factor no es suficiente para que se produzca el cólico. La ciencia médica todavía no sabe definirlo, pero considera algunas hipótesis sobre posibles desencadenantes. Pareciera que una combinación de algunos de estos causantes estaría involucrada en la mayoría de los casos de chicos con diagnóstico de cólicos:

- Alergia a las proteínas de la leche de fórmula.
- Mala técnica en el amamantamiento.
- Ingestión de aire al mamar.
- Espasmos en el colon.
- Tracto gastrointestinal inmaduro e hiperactivo.
- Sistema nervioso inmaduro, altamente sensible.
- Temperamento.
- Tensión en la casa.
- Ansiedad de los padres.
- Mala interpretación del llanto por parte de los padres.

Desde el punto de vista energético, el síntoma principal del cólico se manifiesta en el tercer chakra, Manipura, el centro encargado de procesar las emociones. De adultos, todavía es posible experimentar la sensación de "nervios en el estómago", o de que el estómago "se cierra" debido a la tensión. Muchas personas, ante situaciones estresantes, necesitan evacuar los intestinos.

El ardor en el estómago está relacionado con el elemento del chakra, el fuego. En el Manipura la energía se transforma por un proceso de combustión, análogo al de la digestión de los nutrientes.

RECOMENDACIONES GENERALES

- Para disminuir la posibilidad de cólicos, se recomienda facilitar el eructo del bebé realizando pausas durante la toma. En estos momentos, colocarlo dos o tres minutos a la altura del hombro y darle unas palmaditas suaves en la espalda.

- Hacerlo eructar después de cada toma. Si no lo logra, esperar y ponerlo nuevamente en posición de eructar, media hora más tarde.

- Si el bebé toma mamadera, controlar el tamaño del agujero de la tetina. Si es muy pequeño o muy grande, el bebé va a ingerir mucho más aire cuando se alimente.

- Para controlar la cantidad de aire que el bebé traga, limitar el tiempo de ingesta a diez minutos.

- Utilizar las *Crónicas lacrimosas* (página 265) para llevar un registro de los accesos de irritabilidad del bebé y buscar un común denominador. Observar si el bebé llora a la misma hora todos los días. Intentar determinar si ciertos alimentos o actividades disparan el llanto. Si se descubren conexiones, eliminar la comida o la actividad que parezca responsable.

- Crear un ambiente de calma y confort durante el amamantamiento. Disminuir estímulos ambientales y usar música relajante tiene efectos maravillosos sobre el tono muscular. Tanto la madre como el bebé tienen que estar en una posición cómoda, y vestidos cálida y confortablemente. Revisar que el pañal del bebé esté limpito. Si el clima lo permite, envolverlo en una toalla y dejarlo desnudo durante la toma y la digestión.

- Algunos bebés se confortan con la seguridad de estar bien envueltos en una mantita. Otros prefieren tener libertad de movimiento. Observar qué le produce mayor bienestar, para aliviarlo.

- El ombligo es nuestro principio. Es el punto a través del cual recibimos alimento y energía para vivir en el vientre. Cuando el cordón umbilical es cortado, la conexión continúa en los planos sutiles. La mamá cuyo bebé tiene cólicos tiene que hacer todo lo posible para estar tranquila ella misma, para poder contenerlo y no cargarlo con mayor tensión. Éste es un buen momento para arrojarse en los brazos del mullido diván de un o una analista.

- Mientras el bebé está en el útero, percibe lapsos del día en los que la actividad de la mamá es mayor, o hace tareas a disgusto. En esos momentos, el bebé se bambolea y se mantiene despierto, como en alerta. Si está incómodo, da golpecitos en el abdomen de la madre. Fuera del vientre, continúa percibiendo esa molestia materna debido a la fusión mamá-bebé. Si el bebé tiene cólicos, la mamá puede chequear si ella está entrando en un ritmo acelerado. El llanto de su bebé le da la oportunidad de parar y volver a su eje. Observar cómo reacciona el pequeño.

51. DIETA ANTICÓLICOS

Disminuir drásticamente o eliminar el consumo de azúcar, tanto de la alimentación materna como del menú del pequeño, si ya come sólidos. No reemplazar por edulcorantes químicos, ya que su sistema digestivo todavía no es capaz de procesarlos. Tampoco usar miel en bebés de menos de un año: puede causar una intoxicación llamada botulismo.

Retirar las bebidas cafeinadas de la dieta de la mamá.

La familia de las coles (coliflor, brócoli, repollo), las legumbres, la ciruela y la pera provocan más gases que otros alimentos. Tampoco se aconsejan las raíces crudas. Se recomienda retirarlos de la dieta de la mamá o de ambos, y observar si hay modificaciones.

La leche de vaca contiene una proteína llamada caseína, que es muy grande y difícil de digerir, y puede lastimar la delicada membrana interior que recubre el intestino delgado. Hay que tener en cuenta que las membranas del bebé son muy tiernas. Si se apresura el momento de darle leche de vaca, pueden producirse alergias e intolerancia para el resto de la vida.

Si la mamá que amamanta tiene intolerancia a la leche, puede reemplazarla por yogur, que es más fácil de digerir.

La mamá que amamanta puede tomar suplementos de lactobacilos. Mejoran su flora intestinal y la protegen de cólicos propios y del bebé. Los bebés no pueden digerir lactobacilos antes del año.

52. HIERBAS PARA PANZAS FELICES

La manzanilla es bien conocida como relajante y suavizante. La mamá que amamanta puede tomar una taza, dos veces al día. Si el bebé ya come, agregar en el líquido de la mamadera un cucharadita de té de manzanilla, tres veces al día, durante tres o cuatro días. Luego, reducir la dosis a dos veces al día.

El hinojo también ayuda a aliviar el cólico. La madre puede tomar una taza de té de semillas de hinojo tres veces al día. Para el bebé, diluir una taza de té de hinojo en dos tazas de agua y darle una cucharadita de té, cuatro veces al día.

La mamá puede tomar una taza de té de jengibre, tres veces al día. Esta raíz es famosa en el mundo entero por sus propiedades digestivas y antibióticas, y su potencia para activar el sistema circulatorio. Poner a calentar dos centímetros de jengibre en dos tazas de agua, tapar y dejar hervir durante quince minutos.

El té de menta ayuda a acelerar la digestión, y actúa como antiflatulento. Darle al bebé una cucharadita de té de menta cuatro a cinco veces por día.
Atención: si el bebé es tratado con medicina homeopática, es necesario dejar pasar una hora antes de darle la menta, ya que su fuerte aroma puede interferir en la acción del remedio homeopático.

53. MIMOS CURATIVOS

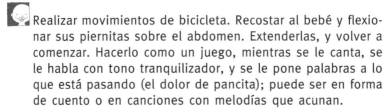Realizar movimientos de bicicleta. Recostar al bebé y flexionar sus piernitas sobre el abdomen. Extenderlas, y volver a comenzar. Hacerlo como un juego, mientras se le canta, se le habla con tono tranquilizador, y se le pone palabras a lo que está pasando (el dolor de pancita); puede ser en forma de cuento o en canciones con melodías que acunan.

Masajear los puntos a lo largo de ambos lados de la espina incrementa la circulación y relaja el sistema nervioso.

Estómago 36 ayuda a activar el sistema digestivo
(para localizar los puntos de digitopuntura, véanse ilustraciones en página 44).

Masajear suavemente siguiendo el camino del intestino, como se muestra en la figura. Se puede combinar con aromaterapia, utilizando dos gotas de aceite esencial de hinojo mezclado con media cucharada de aceite de almendras.

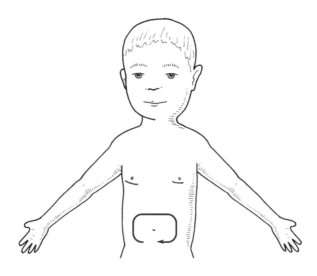

54. OSTEOPATÍA

Las flexiones estimulan la expulsión de gases. Con suavidad, llevar las rodillas del bebé al pecho, sostener y observar hacia qué lado tiende a inclinarlas. Acompañar su movimiento, y darle el tiempo que necesite para relajarse. Puede haber puntos de crisis, que generan tensiones en la pared abdominal. Cuando el bebé se afloje, ir en sentido contrario. Repetir el movimiento dos o tres veces.

Encima del ombligo se encuentra el duodeno. El movimiento propio de este órgano produce la movilidad de los materiales de la digestión. Para estimular su equilibrio, apoyar la mano en este punto. Sin frotar, mover muy suavemente el tejido en sentido antihorario.
También se puede generar una vibración leve sobre el duodeno, haciendo un temblor con la mano. Una variante es sostener al bebé boca abajo, con la panza sobre la mano, y realizar la misma vibración en esta postura.

55. CHAKRAS DIGESTIVOS

La mejor upa para aliviar los cólicos es acomodar la panza del bebé sobre el brazo y el canto de la mano. De esta manera, el chakra de la palma de la mano se apoya sobre el tercer chakra del bebé. Como la mano izquierda recibe energía y la derecha emite, lo más adecuado es alzar al bebé con la mano izquierda para recibir la descarga de tensión, y hacer masa tocando un árbol o una pared, o transmutando de alguna manera personal.

56. FLORES PARA ALIVIAR EL INTESTINO

Chamomile es la flor recomendada para los procesos de soltar, y es efectiva cuando los gases retenidos no pueden

181

ser eliminados. Se la puede usar en el masaje abdominal. Holly trabaja sobre las emociones de enojo, y ambas pueden combinarse.

57. SUGERENCIAS

Si bien hay una fórmula homeopática para cólicos, que se adquiere en farmacias especializadas, de una consulta profesional puede surgir una solución individual, específica y más efectiva para cada bebé.

Los osteópatas mejoran los cólicos mediante maniobras de compresión o retracción en las membranas craneanas. En la consulta con un buen profesional pueden aliviarse varios síntomas asociados al cólico.

58. DICEN LOS QUE SABEN...

La manera de papá

"Cuando los chicos tenían dolor de panza, el papá los ponía boca abajo apoyados sobre una de sus manotas, les ponía la otra mano sobre la espalda y los paseaba por el living sacudiéndolos suavemente (después de un rato, el que seguro quedaba de cama era él...)", Susana.

"Felipe se calmaba cuando le hacía upa boca abajo y yo bailaba con un reggae, tarareando a lo Bob Marley", Damián.

La manera de mamá

"Yo creo que los gases son nervios, y que tienen mucho que ver con la inseguridad que una tiene con el primer hijo. En mi caso, mi primer bebé la pasó terrible, y otros dos no tuvieron gases", María de la Paz.

"Andrea se calmaba cuando lo teníamos a upa boca abajo, y lo sacudíamos con intensidad", Carolina.

La manera del tío

"Los bebés conmigo se tranquilizan, dicen que tengo mano... Algo que les gusta, cuando les duele la panza, es que les haga upa con las manos en el abdomen, yo intento estar muy relajado, y haga una flexión con las dos piernas, como un ascensor. Subimos y bajamos muy lentamente...", Marcelo.

Constipación

El término "constipación" se utiliza cuando el movimiento intestinal no es diario y regular, o cuando hay dolor en el momento de hacer caca. Con la lactancia materna, este problema no existe. En primer lugar, porque el sistema digestivo del bebé está perfectamente adaptado a su química y, además, porque cada gota de leche materna es eficientemente utilizada y el bebé tiene menos residuo para excretar. La constipación suele aparecer con las leches de fórmula, o cuando el bebé incorpora los alimentos sólidos.

RECOMENDACIONES GENERALES

• Evitar el uso de ollas de aluminio para cocinar, ya que este metal exacerba la constipación.

Masaje abdominal
(ver ilustración en página 180)

La estimulación aplicada a los cólicos también es efectiva para este malestar ya que, masajeando la zona baja del abdomen, se favorece el movimiento natural de los intestinos.

59. DIETA PARA UN BUEN RITMO INTESTINAL

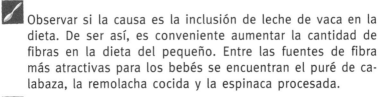 Observar si la causa es la inclusión de leche de vaca en la dieta. De ser así, es conveniente aumentar la cantidad de fibras en la dieta del pequeño. Entre las fuentes de fibra más atractivas para los bebés se encuentran el puré de calabaza, la remolacha cocida y la espinaca procesada.

El jugo de naranja diluido a la mitad actúa aliviando el intestino. De la misma manera, el jugo de la compota de ciruela tiene ácidos que actúan estimulando el proceso de excreción.

La zanahoria, reconocida por sus propiedades digestivas, recibe el título de "gran amiga del intestino". En sopas y jugos ayuda a regular y promover el funcionamiento normal de los intestinos, por lo que es un buen remedio para el estreñimiento y la diarrea, y los bebés pueden beberla sin inconvenientes.

Si la constipación es muy pronunciada, el té de lino puede resultar beneficioso. Para prepararlo, hervir durante dos minutos una cucharadita de semillas de lino en una taza de agua (200 cc). Colar y agregarlo al líquido o la comida del bebé, dos veces al día. Comenzar con 50 cc, y observar cómo responde.

Se puede agregar también a este té dos almendras peladas y bien partidas. Las almendras son ricas en magnesio, un mineral que ayuda a los líquidos a fluir hacia el intestino.

Disminuir las papillas a base de lácteos.

Agregar a las papillas una cucharadita de un buen aceite prensado en frío (girasol y oliva, en lo posible orgánicos), para suavizar y nutrir las paredes del intestino.

60. MIMOS CURATIVOS

Digitopuntura
(Para localizar los puntos de digitopuntura, véanse ilustraciones en páginas 44 y 45.)

Intestino Grueso 11 ayuda a relajar el intestino grueso.

Estómago 36 favorece el buen tono del tracto digestivo.

Vejiga 20 y 25, a lo largo de la espalda baja, relaja los nervios y estimula el intestino.

Cuándo llamar al médico

- *Cuando el bebé, además de estar constipado, vomita o tiene molestias gástricas.*
- *Cuando se rehúsa a ser alimentado.*
- *Si tiene dolor severo al hacer caca.*
- *Si se observa sangre en las heces, una lastimadura o un desgarro en el recto.*
- *Si el bebé tiene constipación persistente o crónica. En algunos casos, puede ser síntoma de un problema intestinal.*

Dentición

En algún momento que puede esperarse a partir del cuarto mes de vida, el bebé experimenta una transformación trascendental: una serie de huesos puntiagudos comienzan a emerger en el interior de su boca, y rompen las tiernas membranas de las encías. Acompañando este movimiento evolutivo, una tensión extrema toma por asalto el cuerpo, y atraviesa eléctricamente músculos, nervios, articulaciones y puntos centrales de la energía vital.

Si alguien se siente sorprendido por la increíble molestia que produce la dentición en los bebés, no tiene más que pensar en lo traumático que resulta un dolor de muelas, y multiplicarlo ¡por veinte!

Los dientes de leche se empiezan a formar en la tercera semana de vida intrauterina, de manera que cuando el niño nace tiene dentro de sus huesos maxilares los brotes de los veinte dientes que componen su fórmula dentaria temporaria o "de leche", y las células diferenciadas que darán origen a 32 de los dientes definitivos.

Algunos síntomas indican su aparición inminente. Entre ellos:

- Al tacto, se puede sentir algún dientecito.
- Babeo.
- Dificultad para alimentar al bebé.
- Dificultad para dormir.
- Dolor de garganta.
- El bebé se chupa el dedo más que lo usual.
- Encías inflamadas.
- Incremento de la congestión nasal, que puede derivar en catarro o infecciones en el oído.

- Irritabilidad.
- Llanto que se incrementa por la noche.
- Los cachetes del bebé pueden estar enrojecidos.
- Necesidad de morder objetos duros.
- Pérdida de apetito.

Según la visión hinduista, la aparición de los dientes coincide con un momento de afianzamiento del espíritu en el cuerpo. Se lo vincula al primer chakra, el Muladhara, que rige la estructura sólida del organismo humano. Este chakra es el que ancla en la Tierra la energía vital y sutil del espíritu. Se afirma que la estabilidad, la armonía, el orden, la capacidad de nutrirse y autoabastecerse se reflejan en una buena dentadura, y a la inversa.

La dentición implica una movilización energética muy importante, y requiere mucho sostén emocional. Como la mayoría de los crecimientos, éste no se elige, sino que es un aterrizaje forzoso sobre el siguiente peldaño evolutivo. Y, como la mayoría de los crecimientos... ¡duele! Es que la boca es un punto de encuentro para músculos, huesos y nervios que afectan la cara, la cabeza y otros órganos interconectados. Por ejemplo, es frecuente que la dentición provoque dolor de oídos, o derive en una infección del canal auditivo. Esto se debe a que los dos huesecitos de la caja timpánica, el yunque y el martillo, están recubiertos con la misma membrana que la mandíbula. Además, hay numerosos nervios sensitivos que afectan la boca, la cara, las fosas nasales, los senos paranasales, y gran parte del cuero cabelludo. La medicina china reporta cinco cadenas de resonancia que atraviesan la boca. Cada punto doloroso en su interior genera tensión en los órganos interconectados.

RECOMENDACIONES GENERALES

Con la aparición de los dientes, el bebé puede morder involuntariamente el pecho de la madre. Si ella responde con una reacción violenta, puede producirse un rechazo de la teta, por lo que tiene que estar preparada. Si esto ocurre, lo más indicado es interrumpir la succión sin asustar al bebé. Hay que explicarle que eso duele, diciendo "no" con mucho énfasis gestual, pero sin elevar el tono de voz.

61. DIETA PARA DIENTES DOLOROSOS

Durante el proceso de aparición dental se produce una acidificación de los jugos gástricos, debido al exceso de saliva. Esto causa molestias en el estómago y agrega un factor extra de incomodidad corporal. Se puede equilibrar esta acidez ofreciéndole al bebé una combinación alcalina de zanahoria y leche de cereales, que es desinflamante y, a la vez, calma los malestares estomacales producidos por la salida de los dientes. Para prepararla, se agregan dos cucharaditas de leche de cereales a media taza de jugo de zanahorias.

La leche de cereales es uno de los sustitutos de leche materna usados por la macrobiótica. Consiste en una combinación de cereales molidos (arroz integral, sésamo y cebada), que se cocina en agua tibia hasta lograr la consistencia adecuada para cada bebé.

Todas las frutas maduras, incluyendo los cítricos, alcalinizan los jugos gástricos. Incorporar a la dieta del bebé o de la mamá en papilla o jugos.

62. MORDILLOS

Morder objetos duros calma las molestias en los dientes, ya que así se equilibra la tensión con la fuerza de erupción de la corona de los dientes, que tienen que quebrar la membrana de las encías. Una ayuda extra es que los mordillos estén fríos. El frío actúa como anestesia natural y contribuye a minimizar el dolor. Una buena opción es darle al bebé trozos de vegetales enfriados o frutas envueltos en tela de algodón. Las frutas frescas y los vegetales crudos ofrecen un alivio temporario a la molestia de la dentición. También proporcionan un ejercicio natural para fortalecer las quijadas de los pequeños.

Las frutas desecadas también son un mordillo excelente y nutritivo. Los damascos, las peras y los duraznos tienen una consistencia ideal para ser mordidos con mucho gusto.

Evitar darle al bebé pedazos de pan para morder. Esto puede provocar atragantamiento y problemas digestivos.

Cuando el bebé tiene las encías irritadas, puede intentar morder el pecho materno. Generalmente esta actitud dura uno o dos días. Para aliviar el dolor en las encías, darle a masticar una toallita fría justo antes de amamantarlo.

63. HIERBAS PARA ENCÍAS SENSIBLES

El aloe vera es una planta muy benéfica y efectiva para calmar la inflamación en las encías y otros efectos colaterales de la dentición. Posee al menos seis agentes antisépticos, penetra fácilmente en la piel y en los tejidos, actúa como anestésico calmando dolores, y dilata los capilares sanguíneos incrementando la circulación en la zona.
Para utilizarlo, elegir una hoja de aloe vera. Al hacer un corte se podrá observar que segrega un líquido amarillento verdoso, entre la pulpa y la piel: es el sérver. Este gel se aplica untando un dedo y masajeando las encías del bebé. Otra manera de usarlo es cortar una porción pequeña de la hoja, quitando la parte puntiaguda, y pasarla por la boca del bebé.

Para relajar al bebé, agregar dos gotas de aceite esencial de manzanilla o lavanda a un cuarto litro de agua, y vaporizar en la habitación.

64. FLORES DENTISTAS

La salida de los dientes conecta con la agresividad. El bebé muerde y la mamá reacciona. Para conectarse positivamente con esta energía interna, la flor indicada es Holly. Por otro lado, Walnut hace más llevadero el cambio de etapa para el bebé.

65. MIMOS CURATIVOS

Aromaterapia

El aceite de clavo *(clove oil)* es un anestésico natural. Tiene un sabor agradable y calma con rapidez las encías inflamadas. Debe ser usado con moderación porque, en exceso, puede causar ampollas. Para lograr una dilución apropiada para bebés, agregar una gota de aceite de clavo a dos cucharadas de aceite de almendras y aplicar cada seis horas. Masajear las encías con los dedos brinda una sensación tranquilizadora y relajante para el bebé.

Digitopuntura

(Para localizar los puntos de digitopuntura, véanse ilustraciones en páginas 44 y 45).

Masajear el punto Intestino Grueso 4 para aliviar el dolor de la cara y los dientes. Este punto, además, calma el estresado sistema nervioso central.

También para la relajación del sistema nervioso, ejercer presión en Hígado 3.

Para aliviar el dolor, masajear con el pulgar y el índice la membrana de piel que une el pulgar y el índice del bebé. Este punto es conocido como *El gran dispersador*. Utilizar presión suave. Repetir en la otra mano.

66. CHAKRAS DENTALES

Para armonizar el Muladhara, se puede cantar su mantra. Si no se conoce la melodía, se puede jugar con las palabras hasta encontrar una musicalidad relajante.

Cuándo llamar al médico

Debido a que el proceso de la dentición causa estrés, el bebé está más predispuesto a otras enfermedades.

Debe prestarse atención a las fiebres altas o diarreas agudas que aparezcan durante la salida de los dientes, ya que esto no es normal.

Tanto los dentistas tradicionales como los holísticos recomiendan que la primera consulta relacionada con la dentadura se efectúe a los tres años, a no ser que se detecte algún problema antes.

Diarrea

La diarrea, deposición frecuente y acuosa, es la manera que tiene el cuerpo de eliminar toxinas o sustancias extrañas. En la mayoría de los casos, se detiene rápidamente. Hay muchos microorganismos que pueden causar diarrea, incluyendo virus, bacterias, hongos y protozoos. Se puede contagiar de otros chicos, o de agua o comida contaminada. La comida contaminada causa diarrea con mucha rapidez. La alergia a la leche o la sensibilidad a algunos alimentos, que aparecen con la introducción de nuevos ingredientes, también pueden causar diarrea.

RECOMENDACIONES GENERALES

- Si el bebé es amamantado, no dejar de darle la teta. La leche materna no genera ni exacerba la diarrea. De hecho, una dieta consistente únicamente de leche de madre y agua puede ayudar a resolverla.

- Es importante hervir toda el agua que se le da al bebé.

- Para prevenir diarreas, si el bebé usa chupete, evitar que lo arrastre al gatear. Lavarse las manos a menudo ayuda a mantener las bacterias alejadas.

- Para prevenir la deshidratación, asegurarse de que beba abundante líquido en la fase aguda de la diarrea.

67. DIETA EQUILIBRANTE

Si el bebé mueve el vientre de manera normal todos los días, y un día tiene diarrea, no habría que suprimirla tan rápidamente. En principio, se recomienda sacar las fibras de la dieta, y observar el proceso. Éstas se encuentran en los cereales integrales, las frutas crudas y secas, las verduras crudas y las legumbres.

Entre los alimentos que benefician el equilibrio intestinal se encuentran el puré de zanahorias (cocidas sin el centro, ya que es fibroso), el arroz blanco bien cocido, la polenta, el pollo sin piel. Un buen postre puede ser manzana rallada, expuesta un rato al aire para que se ponga amarronada por activación de los taninos. Las gelatinas son otra buena opción.

Eliminar de la dieta los alimentos que puedan causar alergia. Los alergénicos más comunes incluyen frutas cítricas, trigo y productos lácteos.

Ofrecer al bebé agua de arroz, el líquido blanquecino que queda en la olla después de hervirlo.

La mamá puede agregar lactobacilos a su propia dieta.

Para permitir que el intestino se estabilice y se cure, reemplazar la leche por agua de arroz durante dos semanas después de que la diarrea pasó.

Cuando el bebé se esté recuperando, ofrecerle una dieta simple, para facilitar el proceso del tracto digestivo y de absorción de los nutrientes. Elegir alimentos familiares, de fácil digestión.

Eliminar alimentos difíciles de digerir. Las proteínas deberían ser evitadas durante 48 horas. Las grasas deberían ser eliminadas de las dietas siempre que haya cualquier enfermedad, ya que son difíciles de digerir.

 Eliminar el azúcar refinado, sobre todo si la diarrea tiene un origen bacteriano. Las bacterias prosperan en presencia de azúcar. Por otra parte, este ingrediente genera acidez, y un ambiente interno ácido hace más lenta la curación.

68. MIMOS CURATIVOS

Digitopuntura
(Para localizar los puntos de digitopuntura, véanse ilustraciones en páginas 44 y 45.)

 Estómago 36 ayuda a equilibrar el sistema digestivo.

69. FLORES REGULADORAS

 Si se sospecha un origen emocional de la diarrea (en general, se la asocia a procesos de enojo) Willow es la flor más indicada.

Cuándo llamar al médico

- **Siempre se debe consultar al médico si un recién nacido tiene diarrea.** *En los recién nacidos, la diarrea está señalada por un incremento en las deposiciones, y éstas son inusualmente flojas o acuosas, de color amarillento o verdoso, con un olor muy desagradable.*
- *Si el bebé experimenta dolores abdominales severos o persistentes, o tiene sangre en las heces.*

- *Si el bebé tiene una diarrea que dura alrededor de 48 horas, o diarrea intermitente que va y viene en un período de dos semanas o más.*
- *Si tiene vómitos.*
- *Si hay dudas sobre una evolución positiva del cuadro.*

Dolor de garganta

Los términos médicos para el dolor de garganta son faringitis (inflamación de la garganta), laringitis (inflamación de la laringe o tracto de la voz) y amigdalitis (inflamación de las amígdalas).

La mayoría de los dolores de garganta están causados por virus y bacterias. Otras causas pueden ser una irritación local, como exposición a humo de cigarrillo, ambientes polucionados, polvo o el aire seco del invierno. Un episodio prolongado de gritos también puede derivar en irritación de garganta.

La garganta es un corredor en forma de tubo que se separa en los tractos digestivo y respiratorio. Está hecha de un músculo suave cubierto con una membrana mucosa. Entre sus funciones, facilita el habla cambiando de forma para permitir la formación de los sonidos vocales. También contiene aperturas hacia el oído (las trompas de Eustaquio), el espacio nasal, el esófago y las amígdalas. Por eso, el dolor de garganta puede ir acompañado de resfrío, nariz congestionada o infección de oídos.

Casi siempre son infecciones virales menores, que aparecen en el invierno y principios de la primavera, y pueden ser tratadas con facilidad en el hogar. Sin embargo, un tercio de los dolores de garganta son causados por estreptococos, bacterias altamente contagiosas y persistentes. Solamente un médico puede diagnosticar de manera adecuada el tipo de inflamación, mediante un cultivo de muestra de la garganta. Si el diagnóstico indica una infección bacteriana, se debe administrar un antibiótico. En ambos casos se puede colaborar para ayudar en el proceso de curación y levantar las defensas del organismo.

RECOMENDACIONES GENERALES

- Usar un vaporizador para humidificar el aire. Esto suaviza la irritación de las membranas respiratorias y ayuda a aliviar la tos y la aspereza.

- Proteger al bebé de ambientes polucionados e irritantes de la respiración, como humo de cigarrillo o de madera quemada.

- No ponerlo en contacto con chicos enfermos de la garganta.

- Si el bebé tiene infecciones recurrentes por estreptococos, puede tener relación con las mascotas de la casa.

70. DIETA PARA GARGANTAS IRRITADAS

Si el bebé ya come, reducir de su dieta los productos lácteos, la cantidad de azúcar y de carbohidratos refinados.

Ofrecerle jugos cítricos. El pasaje por la garganta es antibacteriano, y barre con la flora microbiana. Lo ideal es agregarle al jugo algunas gotas de limón.

El jugo de fruta helado anestesia el dolor de garganta.

Incentivar al bebé a beber mucho líquido. La sopa de pollo tibia y de miso son excelentes depurativos y desintoxicantes. El miso es una pasta de soja fermentada y de sabor salado, importante fuente de proteínas.

71. MIMOS CURATIVOS

Digitopuntura
(Para localizar los puntos de digitopuntura, véanse ilustraciones de páginas 44 y 45.)

Intestino Grueso 4 ayuda a limpiar la infección.

Pulmón 7 ayudar a mantener la hidratación de la garganta irritada.

72. FLORES CANTARINAS

Rescue Remedy crea defensas y ayuda al proceso de cura en un nivel energético.
Es muy efectiva combinada con Crab Apple, la flor apropiada para resolver infecciones.

Cuándo llamar al médico

- *Si el bebé tiene fiebre.*
- *Si el bebé tuvo estreptococos, o recién se está recuperando, y la fiebre retorna, acompañada de dolor o sudoración, espasmos musculares o sacudidas, enrojecimiento indoloro de la piel.*
- *Si la irritación de garganta se acompaña de sarpullido rojo en el cuello, los brazos, las piernas o tiene la lengua hinchada y colorada.*

Fiebre

La fiebre se define como temperatura corporal elevada por lo menos un grado sobre 37º C.

Puede ser causada por muchos factores, incluyendo deshidratación, picaduras de mosquitos, alergias, reacciones tóxicas, virus o infecciones bacterianas. Existe también la llamada fiebre "de origen desconocido", una condición definida como temperatura elevada que dura una semana o más sin causa identificable.

La fiebre es un signo de que el cuerpo se está defendiendo de un invasor infeccioso. Debido a que los virus y las bacterias no sobreviven en un cuerpo con temperatura elevada, la fiebre es una aliada en el combate de infecciones. Es una de las maneras que tiene el cuerpo de defenderse y autocurarse. La temperatura elevada también incrementa la producción de células blancas, que son las encargadas de combatir las infecciones, a la vez que aumenta su velocidad de reacción.

En un recién nacido, la regulación de la temperatura corporal no está todavía bien desarrollada. En el adulto, el nivel de fiebre por lo general refleja más la severidad de la enfermedad que la causa. En los bebés no es así necesariamente. Un bebé con un resfrío de intensidad media puede tener fiebre alta, y otro con una infección seria puede tener apenas unas líneas. Como resultado, otros factores pueden indicar antes y mejor una infección: poco apetito, letargo o irritabilidad. De todas maneras, si un recién nacido tiene fiebre persistente debe ser examinado por el médico.

Si la fiebre no llega a los 39 grados, no es necesario bajarla con medicación. Pero disminuirla con suavidad puede aliviar las molestias del bebé, ya que es probable que le cueste dormir y le duela el cuerpo.

Bajar la fiebre con delicadeza puede ayudar a determinar la severidad de la enfermedad. Un bebé con más de 39 grados de temperatura luce muy pálido y como consumido, sea que la fiebre esté causada por un resfrío o por una infección seria. Si la fiebre baja un par de grados, el bebé con un resfrío se va a sentir notablemente mejor: es una indicación de que la fiebre en sí misma estaba causando el aspecto y el malestar generales. Si, en cambio, tiene una infección seria, continuará viéndose y sintiéndose mal, incluso con la temperatura baja.

RECOMENDACIONES GENERALES

• No aplicar al bebé compresas frías o con alcohol, ni darle baños fríos. El frío y el alcohol hacen que los vasos sanguíneos se contraigan, de modo que es más difícil que el calor salga del organismo.

Es peligroso darle aspirina a un bebé con fiebre, ya que la combinación de este medicamento con afecciones virales pueden desarrollar una enfermedad del hígado, llamada síndrome de Reye.

73. CONVULSIONES INFANTILES. PRIMEROS AUXILIOS

Ocasionalmente, un bebé puede tener fiebre con convulsiones. Esto requiere una atención inmediata y cuidados específicos mientras llega la atención médica.

1. Llamar a su servicio de emergencias médicas.
2. Colocarlo boca arriba y asegurarse de que esté respirando bien. Hablarle constantemente.

3. Despejar el área donde se encuentra, para que no pueda lastimarse.

4. Tratar de colocar una almohada debajo de la cabeza del bebé.

5. Permanecer junto a él, a menos que deba ocuparse de conseguir ayuda médica.

6. Aflojar la ropa en el cuello y la cintura.

7. Acomodar al niño de costado para evitar que se ahogue si vomita.

8. No intentar introducir nada en su boca, para evitar atragantamientos y mordidas.

74. DIETA ANTIFEBRIL

 Si el bebé no quiere comer, no es conveniente forzarlo. De la misma manera, sería ideal que bebiera en abundancia, pero tampoco hay que obligarlo si no tiene ganas, porque esto le puede causar vómitos o dolor de estómago.

 Ofrecerle licuado de agua y manzana, o jugos naturales.

75. MIMOS CURATIVOS

Digitopuntura
(Para localizar los puntos de digitopuntura, véanse ilustraciones de páginas 44 y 45.)
Intestino Grueso 4 reacomoda el calor del cuerpo y promueve el bienestar.

76. HIERBAS PARA FRENTES FRESCAS

 La manzanilla y la menta colaboran en el proceso de equilibrar la temperatura corporal. Los beneficios de las hierbas pueden ser absorbidos por la piel en el baño. Hacer un té agregando dos tazas de agua hervida a una cucharada de manzanilla. Dejar reposar quince minutos. Colar y aplicar con una esponjita en la frente, o agregar una taza al agua del baño.

Para el siguiente baño, si todavía tiene fiebre, intercalar con la menta preparada de la misma manera.

77. FLORES PARA CURARSE MÁS RÁPIDO

Una combinación de Crab Apple y Rescue Remedy estimula las defensas del organismo y la capacidad de autocuración.

Cuándo llamar al médico

- *Si el bebé tiene menos de seis meses.*
- *Si tiene entre seis meses y tres años y una temperatura de 39 o más.*
- *Si está brotado, letárgico, con sueño anormal, extremadamente irritable, si arquea el cuello, si tiene dificultad en respirar o una reducción significativa de la cantidad de orina.*
- *Si, simplemente, a los padres les parece que es necesario.*
- *Si el bebé tiene convulsiones, hay que llamar de inmediato a emergencias médicas.*

Hiperactividad

Hay bebés que tienen más necesidad de movimiento que la media, duermen menos por la noche y de día requieren muy poca siesta. Tanto movimiento puede provocar falta de atención y dificultades en la comunicación familiar. Los psicólogos recomiendan testear el origen de la hiperactividad en el embarazo.

RECOMENDACIONES GENERALES

• Mantener una rutina en la casa para evitar la confusión de los estímulos cotidianos. Establecer horarios fijos de comida y sueño en cuanto el bebé esté preparado para aceptarlos.

• Determinar si en el agua que se consume en la casa hay metales pesados. Estas sustancias no desaparecen con el hervor, y es necesario reemplazarla con agua mineral.

78. DIETA QUIETA

Quitar totalmente los azúcares simples de la dieta. No agregar azúcar a las papillas ni a las bebidas. El azúcar genera un ciclo de ansiedad debido a su estímulo de la actividad neurológica.

La levadura de cerveza comestible beneficia la calma mental. Se puede agregar media cucharadita de té en una sopa, puré o papilla.

79. HIERBAS PARA BAJAR LA FRECUENCIA

Preparar una infusión de manzanilla y tilo, echando dos tazas de agua hervida sobre media cucharada de cada hierba. Tapar y dejar reposar quince minutos. Agregar una taza de té al baño del bebé. Si el bebé está siendo amamantado, la mamá puede beber cuatro tazas diarias de esta infusión.

Mezclar en 1/8 de taza de aceite de almendras, una gota de cada uno de los siguientes aceites: romero, lavanda, manzanilla, salvia. Acariciar con el aceite la columna y los pies del bebé.

80. FLORES ARMONIOSAS

Una combinación de Agrimony, Vervain e Impatiens ayuda a calmar la ansiedad y tolerar mejor las frustraciones.

Rescue Remedy puede usarse como armonizador de la personalidad.

Chamomile y Valeriana, dos Flores de California, ayudan a descansar mejor.

Náuseas y vómitos

Los síntomas de este tipo de malestar pueden ser pérdida de apetito, seguida de náusea. Puede haber dolores constantes, o espasmos en el estómago superior, seguidos de vómito y, ocasionalmente, diarrea.

Los vómitos y las náuseas son mecanismos de defensa del organismo. Pueden estar relacionados con una comida en particular o ser señal de un estado emocional. Cuando la náusea es severa, o persiste algunas horas, la causa más frecuente es comida en mal estado o una infección.

RECOMENDACIONES GENERALES

- Para reducir la posibilidad de infecciones bacterianas o virales, o parásitos, lavar las manos de los bebés, especialmente antes de comer.

- Evitar largos viajes en auto inmediatamente después de comer.

81. DIETA DE RECUPERACIÓN

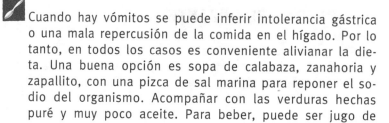Cuando hay vómitos se puede inferir intolerancia gástrica o una mala repercusión de la comida en el hígado. Por lo tanto, en todos los casos es conveniente alivianar la dieta. Una buena opción es sopa de calabaza, zanahoria y zapallito, con una pizca de sal marina para reponer el sodio del organismo. Acompañar con las verduras hechas puré y muy poco aceite. Para beber, puede ser jugo de

compota de manzanas; y las manzanas hechas puré, como postre.
Para proteger el hígado, no incluir proteínas animales ni alimentos grasosos.

El yogur bio repone la flora intestinal. Si el bebé todavía se alimenta con el pecho, ya tiene la protección garantizada.

No darle de comer más de lo apropiado. Preparar una dieta moderada y limitar la cantidad de azúcar y grasas.

Prestar atención a las preferencias y sensibilidades alimenticias del bebé, para eliminar de la dieta alimentos que parezcan causar malestar estomacal.

Ofrecerle los alimentos tibios. Tanto el calor extremo como el frío pueden producir espasmos estomacales.

82. MIMOS CURATIVOS

Digitopuntura
(Para localizar los puntos de digitopuntura, véanse ilustraciones en páginas 44 y 45)

Pericardio 6 ayuda a reducir náuseas y vómitos.

Estómago 36 armoniza y entona el sistema digestivo.

83. HIERBAS SUAVIZANTES

Ofrecerle al bebé dos cucharadas de té de manzanilla pasados veinte minutos del episodio. Observar. Si le sienta bien, se puede volver a dar seis horas más tarde.

84. FLORES PARA DIGERIR

 Si las náuseas y los vómitos son frecuentes, el bebé emite la señal de que hay algo que no puede digerir, en múltiples niveles. Puede manifestar rechazo a una situación o a una persona. Beech es la flor que trabaja la tolerancia. Chesnut Bud actúa sobre el aprendizaje y facilita la concreción de los cambios. Combinadas son efectivas para bebés con estas dificultades.

Cuándo llamar al médico

- *Si el bebé expulsa el vómito de una manera violenta, y lo arroja lejos de su boca. Puede ser la indicación de un problema serio.*
- *Si el bebé experimenta náusea y vómito con dolor progresivo y flojedad en la zona baja del abdomen.*
- *Si hay sangre en el vómito.*
- *Si hay fiebre.*
- *Si hay mucho dolor.*
- *Si es una condición repetitiva, es necesario detectar posibles problemas con la deglución.*

Otitis

El oído es una estructura compleja, que consiste en tres sectores: externo, medio e interno. La parte externa es la oreja o pabellón auditivo. Es el canal que toma las vibraciones del sonido y las transmite a través del tímpano hacia el oído medio. El oído medio contiene tres pequeños huesos que llevan esas vibraciones hacia el oído interno, donde se localizan las terminaciones nerviosas que posibilitan escuchar. El oído interno también está involucrado en el mantenimiento del equilibrio.

El oído medio está conectado a la cavidad nasal y la garganta a través de un pasaje llamado trompa de Eustaquio, que permite el drenaje del exceso de secreciones desde el oído medio hacia la nariz y la garganta. Si el tubo de Eustaquio no drena apropiadamente, estas secreciones se acumulan en el oído medio, con el resultado de que la presión en los oídos se eleva, el oído duele y, a menudo, se infecta.

Las infecciones del oído son más frecuentes en chicos entre los seis meses y los tres años. Los más pequeños tienen más tendencia a desarrollar infecciones de oído porque, en los infantes, el tubo de Eustaquio está orientado más horizontal que verticalmente, por lo cual el drenaje es más dificultoso que en los chicos más grandes. Los fluidos pueden estancarse, creando un ambiente ideal para el desarrollo de las bacterias.

Algunos niños dejan de manifestar síntomas de infección de oídos a medida que su cuerpo madura y cambia el interior de sus oídos.

Las infecciones de oído a menudo tienen las complicaciones de resfríos u otras infecciones respiratorias, como adenoides, amigdalitis o sinusitis. A veces se acompañan de nariz aguosa, tos, irritación de garganta y, ocasionalmente, vómitos y diarrea. Puede haber fiebre.

Los bebés manifiestan el dolor de oídos tirando de sus orejas, apretándolas o pellizcándolas. También pueden llorar y estar muy molestos. Puede que lo único que se note es su molestia o fiebre alta sin razón aparente.

El tratamiento general consiste en antibióticos. Se puede ayudar de muchas maneras a hacer más llevadero el proceso y a mantener las defensas del bebé en alto.

RECOMENDACIONES GENERALES

- No exponer a los bebés al humo de cigarrillo. Los estudios demuestran que los niños que viven en casas con uno o más fumadores sufren más infecciones de oído que los que no.

- No darle al bebé una botella para succionar mientras está recostado sobre su espalda. Esta posición permite que los líquidos drenen directamente hacia el oído medio. El dolor de oídos está causado por la presión que ejerce el oído medio congestionado sobre el tímpano. Para favorecer el drenaje, inclinar la cabeza del bebé un ángulo de 30 grados.

- Si el bebé está siendo amamantado, continuar haciéndolo con frecuencia durante la infección, para mantenerlo hidratado y protegido inmunológicamente.

- Si el bebé tiene tendencia a infecciones recurrentes del oído, no hay que exponerlo a los agentes alergenos irritantes comunes, como el pelo de las mascotas.

- Si tiene infecciones de oídos, evitar los viajes aéreos. Si bien los aviones no causan daño en los oídos, el cambio de la presión de aire en la cabina, el despegue o el aterrizaje pueden incrementar el dolor. Si es necesario viajar, puede ayudar darle gotas de descongestivo nasal, con indicación médica.

> **A mover los huesos**
>
> *La terapia cráneo-sacra trabaja mediante manipulaciones de los huesos del cráneo que, aunque parezcan soldados, tienen movilidad. Las técnicas dan muy buenos resultados en niños con infecciones recurrentes del oído. La clave es encontrar un buen profesional, lo cual se logra —en general— por recomendación directa.*

85. DIETA PARA OÍDOS SENSIBLES

 Retirar o disminuir de la dieta los productos lácteos, ya que espesan e incrementan los mocos, haciendo más difícil el drenaje de la infección.

 Los componentes químicos de algunos alimentos tienen efectos positivos en la recuperación de la otitis y en el equilibrio del sistema inmunológico. Entre ellos, la vitamina C. El jugo de naranja es una buena fuente. A partir de los seis meses, el bebé puede beberlo diluido en agua (mitad y mitad) y colado.
La vitamina A mejora la piel, la membrana mucosa y la visión. La pueden aportar el puré de zanahoria, la calabaza, o el durazno rallado. Más adelante, a los ocho meses, el pequeño puede beber jugo de zanahoria cruda, diluido a la mitad con agua.
El zinc es un antioxidante que mejora el sistema inmuno-

lógico. Lo contiene la avena arrollada, que puede prepararse en papilla.

 Ofrecerle mucha cantidad de sopas y jugos de fruta diluidos.

86. MIMOS CURATIVOS

 Masajear la oreja del bebé puede ayudar a abrir la trompa de Eustaquio. Usar una presión suave, dibujar una línea a lo largo de la parte de atrás de la oreja y en la parte de atrás del maxilar inferior. Con delicadeza, tirar y despegar el sobrante de piel frente a la oreja varias veces.

 También se puede masajear la oreja del bebé colocando la parte carnosa de la palma de la mano que está debajo del pulgar sobre la oreja del bebé y rotando la oreja en todas las direcciones.

87. FLORES PARA ESCUCHARTE MEJOR

 Para colaborar con la curación de la infección: Crab Apple. Combinarla con Chesnut Bud, la flor apropiada para las enfermedades a repetición.

Cuándo llamar al médico

- *Ante la primera sospecha de otitis, llevar al bebé al médico.*
- *Si el bebé experimenta un dolor repentino y severo, puede ocurrir que se perfore un tímpano. Aunque note que después el bebé parece sentirse mejor, hay que llevarlo inmediatamente al médico para examinarlo.*

Paspadura

La paspadura es una inflamación de la piel causada por una reacción a los fuertes químicos y enzimas de las heces y la orina, sumada a la acumulación de calor que estas sustancias generan. El pañal atrapa y contiene esta mezcla nociva para la cola del bebé.

Se la reconoce porque el área está irritada, enrojecida y tirante. Puede haber zonas hinchadas y lastimaduras superficiales. La piel puede estar seca y escamosa.

Si la paspadura es originada por un hongo del tracto intestinal, *Candida albicans,* la piel se observa lisa, brillante y colorada, los bordes de la lesión son bien definidos y hay manchas en la zona inguinal. Siempre es el médico quien debe diagnosticar el tipo de irritación para poder tratarla correctamente.

Las paspaduras son algo común, y la edad más frecuente de aparición es alrededor de los nueve meses. Ciertos factores incrementan el riesgo de paspadura. Los antibióticos, la deshidratación, la diarrea, entre otros, vuelven la piel más vulnerable.

Si la paspadura es causada por hongos, el médico indicará un tratamiento adecuado. Si no, es posible resolverlo en casa. Con algunos cuidados, debería estar visiblemente mejor en dos o tres días, y curarse por completo en los tres días siguientes.

RECOMENDACIONES GENERALES

- El aire y el sol ayudan tanto a prevenir como a curar las paspaduras. Dejar al bebé sin pañales el mayor tiempo posible. Un bebé con la cola al aire va a sanar más rápido y va a padecer menos paspaduras. En las culturas tropicales, donde los bebés casi no usan pañal, no se registran paspaduras.

• Evitar el uso de toallitas comerciales. Algunas contienen fuertes químicos que pueden ser irritantes. Se recomiendan los apósitos de hamamelis o caléndula, indicados para la piel del bebé.

• Limpiar la piel del bebé en cada cambio de pañal, usando un jabón neutro y una fricción delicada. Asegurarse de limpiar bien entre los pliegues, enjuagar bien y secar mediante ligeros toques.

• Los geles de algunos pañales pueden ser irritantes. Controlar y cambiar de marcas, para ver si hay efectos positivos.

88. DIETA PARA COLITAS FRESCAS

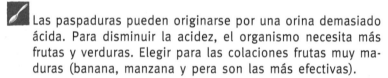Las paspaduras pueden originarse por una orina demasiado ácida. Para disminuir la acidez, el organismo necesita más frutas y verduras. Elegir para las colaciones frutas muy maduras (banana, manzana y pera son las más efectivas).

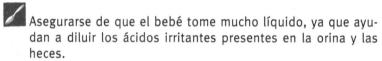Asegurarse de que el bebé tome mucho líquido, ya que ayudan a diluir los ácidos irritantes presentes en la orina y las heces.

Suprimir o disminuir el azúcar de la dieta del bebé o de su mamá, si toma el pecho.

La mamá que da la teta debe eliminar de su menú la cafeína, el azúcar, exceso de trigo (pan y galletitas). Además, revisar posibles alergenos de su propia dieta: los más comunes son algunas frutas cítricas, jugos y productos lácteos.

Es beneficioso que la mamá tome lactobacilos, por si tiene alguna infección intestinal.

89. HIERBAS PARA PIELES SUAVES

Un baño de asiento en agua cálida incrementa la circulación y favorece la curación. Para una mayor suavidad, agregar manzanilla o caléndula al agua.

Si la paspadura está roja e irritada, aplicar loción, gel o crema de caléndula en cada cambio de pañal. Es suavizante y favorece la curación.

90. FLORES DESINFLAMANTES

Aplicar en la zona crema de flores de Bach. Esta preparación contiene una base de Rescue Remedy más Crab Apple. Para la irritación, añadir Beech, Impatiens y Vervain.

Cuándo llamar al médico

- Como con cualquier irritación de la piel, es posible que la paspadura se infecte. Al cambiar al bebé, hay que observar signos de enrojecimiento, hinchazón, piel tirante o secreciones. Si aparecen, hay que consultar al médico.
- También si el bebé tiene fiebre, está irritable o pierde el apetito.

Resfrío

El resfrío común es una infección del tracto respiratorio superior causada por algún virus que se introduce en la nariz, la garganta, las fosas nasales o los oídos. El virus viaja a través del aire o de las manos hacia la boca o la nariz.

Debido a que el sistema inmunológico del bebé está en proceso de desarrollo, no es raro que se pesquen un resfrío semana tras semana. A medida que el niño crece, sus defensas inmunológicas evolucionan desde una serie no coordinada de mecanismos de rescate hasta un intrincado sistema de respuestas diseñadas para defender al cuerpo de organismos extraños.

Una estadística afirma que el promedio de resfríos en niños menores de seis años es de siete por año y, en los mayores, de cuatro a cinco. Es posible resfriarse en cualquier momento del año, pero es más probable en invierno.

Los bien conocidos síntomas incluyen nariz chorreante, dolor de cabeza, garganta irritada, un mínimo aumento de la temperatura, molestia en los músculos y las articulaciones. Cuando un bebé está resfriado, puede sufrir uno, alguno o todos estos molestos síntomas.

A medida que el virus del resfrío se multiplica en el organismo, las membranas mucosas del tracto respiratorio se inflaman. La producción de mocos se incrementa. La hinchazón provoca que los pasajes de aire se estrechen, dificultando la respiración. Las fosas nasales se congestionan. La nariz chorrea. Los estornudos, una sensación de que la cabeza está demasiado llena y ojos lacrimosos o enrojecidos son partes del proceso.

La fase inicial del resfrío suele durar dos a cinco días. En la etapa más contagiosa, las secreciones son poco espesas, y los mocos aguosos están compuestos en su mayoría por descarga viral. Cuando las secreciones se van tornando espesas y de color amarillento a verdoso es un signo de curación y el estado menos contagioso del resfrío. Los mocos descargan células blancas muertas, partículas virales muertas y bacterias muertas.

Desde el comienzo hasta el final, el resfrío dura aproximadamente entre cinco y diez días. Pero debido a que hay tantos virus diferentes que causan resfríos, un niño puede estar resfriado dos semanas seguidas, porque puede contraer una serie de virus. Puesto que mientras el sistema inmunológico inmaduro del bebé está ocupado combatiendo al primer virus, otro puede ingresar y establecerse más fácilmente.

No hay una cura para el resfrío. Los antibióticos no son efectivos contra los virus y, por lo tanto, son inútiles para tratarlos. Existen medicamentos con combinaciones de varias drogas que prometen aliviar los síntomas. En general, no son el tratamiento más efectivo. Funciona más aplicar la medicina que se necesita individualmente, de acuerdo con los síntomas específicos que esté desarrollando el bebé. Antes de darle una medicación, siempre hay que consultar con el médico, leer la etiqueta y considerar los efectos colaterales.

No hay ninguna vacuna que proteja contra todos los virus que causan resfríos. Lo que puede favorecerse es la resistencia de los bebés a la enfermedad.

RECOMENDACIONES GENERALES

- Tratar el resfrío apenas se noten los primeros síntomas.

- Muchos pequeños instintivamente duermen y descansan mientras están resfriados, así conservan energía para combatir el virus. La cuna abrigadita y la ventana abierta por donde se renueve el aire fresco (siempre que el clima lo permita) suelen ayudar a la recuperación.

• Mantener las fosas nasales del bebé despejadas, usando un dispositivo de goma para limpiar mocos.

91. ¡DIETAAAA...CHÍS!

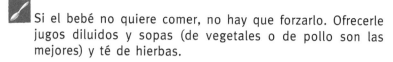

Si el bebé no quiere comer, no hay que forzarlo. Ofrecerle jugos diluidos y sopas (de vegetales o de pollo son las mejores) y té de hierbas.

Limitar el azúcar refinado. Los dulces pueden hacer que el niño se sienta energizado, y por lo tanto se ponga agitado o irritable. También crea ácidos en el cuerpo que causan una demora en la curación del resfrío.

Evitar los productos lácteos, que tienden a incrementar los mocos.

Eliminar las grasas todo lo posible. Son difíciles de digerir, sobre todo cuando el sistema digestivo se encuentra debilitado por la infección del resfrío. Las grasas no digeridas contribuyen a un incremento de los mocos y a un medio ambiente tóxico.

Las vitaminas y minerales que favorecen la recuperación de los procesos infecciosos y el equilibrio del sistema inmunológico siempre se pueden incluir en la dieta del bebé, a partir del sexto mes, o aportárselos desde la alimentación materna. Las indicaciones son las mismas que para otras infecciones: vitamina C (jugo de naranja diluido en agua, mitad y mitad), vitamina A (puré de zanahoria, calabaza o durazno rallado; a partir de los ocho meses se puede incorporar jugo de zanahoria diluido en agua, mitad y mitad), y el antioxidante zinc, con efectos positivos sobre el sistema inmunológico (avena arrollada).

92. HIERBAS ANTIMOCOS

Para un mejor descanso, a partir del sexto mes, darle al bebé un cuarto de taza de té de manzanilla, dos veces al día.

Para calmar a un bebé molesto, preparar un baño con manzanilla, caléndula, romero y lavanda. Mantener el agua confortablemente tibia y favorecer un baño prolongado y relajado.

El té de jengibre favorece la transpiración, ayuda al cuerpo a purificarse y reduce la intensidad del resfrío. Darle dos cucharaditas cada cuatro horas, durante la fase aguda del resfrío.

El té de salvia ayuda a mejorar la congestión y baja la fiebre. La dosis recomendada a partir del sexto mes es de dos cucharaditas tres veces al día, durante tres a cinco días.

Colocar al lado de la cuna del bebé un hornito con dos gotas de aceite esencial de menta.

93. MIMOS CURATIVOS

Digitopuntura
(Para localizar los puntos de digitopuntura, véanse ilustraciones de páginas 44 y 45.)

Vejiga 11, 12,13 y 14 limpia y equilibra el sistema respiratorio deficiente.
Intestino Grueso 4 alivia la congestión y el dolor de cabeza.
Pulmón 7 limpia las infecciones del tracto respiratorio superior.

94. FLORES PARA RESPIRAR MEJOR

Una combinación de Rescue Remedy y Crab Apple crea defensas y ayuda al proceso de cura en el nivel energético.

Cuándo llamar al médico

- *Si el bebé tiene la nariz congestionada crónicamente con descarga acuosa. Un moco más espeso y verdoso en la fase final del resfrío indica curación, pero el resfrío no se va.*
- *Si la fiebre persiste, o si retorna después del tercer día.*
- *Si el resfrío no se cura en una semana.*
- *Si los síntomas empeoran.*
- *Si aparece una tos carrasposa.*
- *Si en cualquier momento el bebé respira mal, rápido, o haciendo ruido.*
- *Si está pálido o azulado.*
- *Si tiene fiebre alta o un letargo muy notorio.*

Tos

La tos es un mecanismo natural de protección diseñado para limpiar el cuerpo de bacterias, virus, polvos y polución. Toser purifica los pulmones y la garganta de elementos irritantes y de fluidos. Una tos productiva expulsa la flema fuera del tracto respiratorio, con lo que despeja el pasaje de aire y se permite al oxígeno llegar a los pulmones.

La tos es también un síntoma común de los problemas de oído, nariz y garganta. Puede estar relacionada con una infección bacteriana o viral del tracto respiratorio, como bronquitis, laringitis, neumonía o crup. También puede ser causada por la inhalación de sustancias irritantes como polvo, humos químicos o humo de cigarrillo. La sensibilidad a la comida o alergias ambientales también pueden causar tos. El estrés emocional es otro factor importante a considerar.

Según la causa, la tos puede ser de tono bajo y emisiones cortas o áspera y de volumen alto. Puede ser seca y rasposa, o húmeda y con mocos.

Si el bebé tiene asma, puede escucharse un resuello cada vez que inhala o exhala.

Aunque la tos es necesaria y ayuda a la respuesta física, puede ser muy molesta e irritante para un bebé. Los músculos pectorales y abdominales quedan agotados por la tos continua. Suavizar el proceso acelera la curación de la tos.

Una tos repentina puede ser señal de la presencia de un cuerpo extraño en las vías aéreas del bebé. Debido a que los chicos llevan todo a su boca, a veces pueden tragar objetos como monedas o botones que bloquean el tracto respiratorio (ver Primeros auxilios, pág. 251).

RECOMENDACIONES GENERALES

- Para prevenir la tos, evitar los irritantes respiratorios y los alergenos, como la polución o comidas a las que el bebé manifiesta sensibilidad.

- No exponer al bebé al humo del cigarrillo.

95. DIETA PARA BEBÉS CONCERTISTAS

Las indicaciones vinculadas al sistema de defensa inmunológica también son vigentes en el aspecto autocurativo de la tos: Vitaminas C (jugo de naranja diluido), A (zanahoria, calabaza, durazno), betacarotenos (zanahoria), zinc (avena arrollada).

Evitar los productos lácteos, que tienden a incrementar los mocos.

Ofrecer al bebé mucho líquido, preferiblemente a la misma temperatura de la casa, o más caliente. Los líquidos ayudan a eliminar mocos y facilitan la tos. Las sopas y los caldos son especialmente buenos por sus cualidades purificadoras.

96. HIERBAS DESCONGESTIVAS

El tomillo tiene una acción muy eficaz sobre los pulmones, suaviza el proceso y ayuda a despegar los mocos de los pulmones. Para hacer una infusión, agregar tres tazas de agua hirviendo a 50 gramos de tomillo fresco o seco, dejar reposar quince minutos y colar.
Este té puede utilizarse en nebulizaciones, o agregando una taza al agua del baño, o dándole al bebé una cucharada tres veces al día, durante tres o cuatro días.

Agregar al agua del baño seis gotas de eucalipto, salvia o tomillo. Respirar el vapor del agua caliente afloja los mocos y destapa la nariz.

Cuándo llamar al médico

- *Si el bebé tiene fiebre alta.*
- *Si está muy quieto y sin fuerzas.*
- *Si no quiere comer.*
- *Si tiene dificultad para respirar.*
- *Si resuella al inhalar.*
- *Si, al exhalar, hace un sonido como de ronquido.*
- *Si la voz le sale como un pitido.*

97. ATRAGANTAMIENTO. PRIMEROS AUXILIOS

Si un bebé tiene un acceso de tos repentina, hace sonidos de tono alto al respirar, jadea para respirar o se pone azul, se trata de un atragantamiento. Es necesario actuar de inmediato.

1. Sostener al bebé cabeza abajo desde los pies.

2. Con la mano abierta, golpearlo fuertemente en la espalda, entre los hombros.

3. Si no se obtienen resultados, usar el Método de Heimlich para bebés.

Método de Heimlich

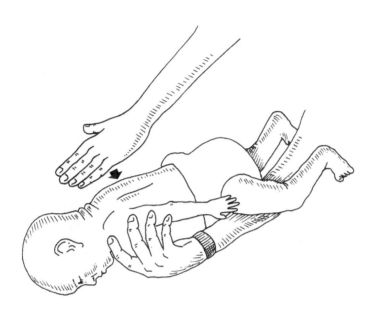

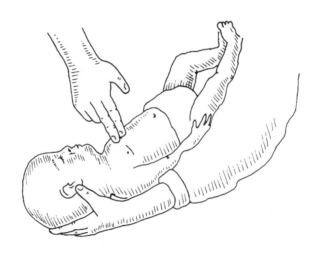

1. Sostener al bebé de manera segura, boca abajo sobre el brazo.

2. Con el canto de la mano, darle cinco golpes firmes entre los omóplatos.

3. Poner al bebé boca arriba. Con dos dedos de la mano derecha presionar firmemente cinco veces sobre el punto donde se unen las costillas.

4. Repetir los pasos 2 y 3 alternando los golpes en la espalda con la presión debajo de las costillas, hasta que el objeto sea expulsado.

5. No interrumpir las maniobras hasta que el objeto sea expulsado y el bebé comience a toser, respirar y hacer sonidos normales, o hasta que otra persona tome el relevo o llegue la emergencia médica.

Medicina folclórica, la dimensión curandera

Las enfermedades folclóricas forman parte del saber popular, a pesar de que la medicina convencional se resista a reconocer sus diagnósticos. Con diferentes nombres, los males de origen sobrenatural se registran en culturas y épocas diversas, y actúan especialmente en los más pequeños. La explicación de los curanderos es que el bebé es débil, en espíritu y cuerpo, por lo que se encuentra más expuesto, y es más sensible a la influencia de espíritus negativos, fuerzas ocultas o impactos emocionales violentos.

Algunas de estas enfermedades son leves y de curación rápida. Otras, como la pata de cabra y el susto, pueden ser letales si no se detectan a tiempo.

RECOMENDACIONES GENERALES

- Como muchas enfermedades folclóricas se transmiten por el aire, una manera de mantenerlas alejadas es purificando el ambiente con plantas aromáticas.

98. PATA DE CABRA

Esta enfermedad es considerada grave y requiere intervención urgente de un curandero o curandera que sepa tratarla. Cuando la padecen, los bebés pierden peso y su piel se arruga, lo que les da un aspecto de viejitos. Por ello en Italia se la conoce como la *vecchiarella*. El bebé se alimenta, pero aun así su peso disminuye. Después de mamar, llora angustiosamente.

El siguiente testimonio es de Silvia, una mamá a cuya hija se le presentó la pata de cabra en la primera semana de vida. Su relato contiene una descripción vívida de los síntomas, causas y procesos de este curioso mal.

"Micaela nació con un peso bastante bueno, 3,570 kg, fue parto normal. Todos los bebés pierden peso en la primera semana. Micaela perdió más que lo común, casi 300 g. Como tenía buen peso al nacer, la doctora nos dio de alta a las dos. De haber nacido con menos peso, la hubiera dejado internada para ver qué pasaba. Una vez en casa, Micaela empezó con problemitas de comer y llorar. Estaba muy delgadita, daban impresión los huesitos de la cabeza, era puro ojo. Y lo raro es que comía bien, la amamantaba con los dos pechos. Pero después de tomar la teta lloraba, estaba intranquila como si no hubiera comido. O sea, que no asimilaba lo que comía, porque, además, seguía perdiendo peso.

Un día, hablando por teléfono con una amiga le conté lo que estaba ocurriendo, y ella me dijo: 'Fijate si la nena tiene una manchita oscura y como si tuviera pelitos detrás del huesito dulce, en el coxis'. La miré y, efectivamente, era así. Me dijo: 'Mirá, esta nena tiene pata de cabra, uno de mis hijos también la padeció'.

Los médicos niegan todo este tipo de enfermedades en los chicos. Los médicos te sacan corriendo ('Mamá, me parece que usted está leyendo cosas raras'), y no le dan importancia a lo que folclóricamente se conoce de toda la vida. Cuando te toca, tomás conciencia de que existe. Mi amiga me indicó la dirección de una señora que curaba la pata de cabra. Y paralelamente, seguí llevando a Micaela al pediatra. El médico le notó un mal funcionamiento de la cadera. La nena no se paraba bien, doblaba las piernitas, entonces me mandó a hacerle una ecografía de cadera. Simultáneamente, visité a esta señora. Cuando vio a Micaela, yo la llevaba con la carita tapada porque estaba fresco, dijo: 'Esta nena tiene pata de cabra, y está así de mal porque tiene las dos. Tiene macho y hembra'. Yo no entendía absolutamente nada, lo único que hacía era llorar.

Miró a la nena, me dijo que le sacara parte de la ropa y el pañal, y ella oraba. Oraba con una medalla, y con la medalla le tocaba puntos en la cabeza, la cadera, los piecitos. Siempre oraba. Yo no entendía lo que decía, me pareció que no era castellano. Le hacía cruces empezando por la cabeza, los bracitos, los piecitos, la cadera, e iba orando. En un momento la tomó de los piecitos, a mí me hizo girar la cabeza para mirar unas fotos de sus nietos y, en el momento en que yo miré las fotos, tomó a la nena de las piernitas e hizo un giro con el cuerpito, una maniobra, pero yo no la vi. Micaela se quedó seria y después soltó un llantito, como si se hubiera asustado. A partir de ahí la curó día por medio durante una semana, y me dijo que no dejara de hacer lo que el médico me decía. Y me dijo: 'Quedate tranquila, va a empezar a comer y va a estar bien'.

A todo esto, yo le había hecho la ecografía de cadera. Cuando llevé el resultado de la ecografía, todo había salido normal, y cuando el médico revisó a Micaela, la nena se paraba bien. Él no podía entender el cambio. Yo no le dije nada, era un médico mayor... No me animé a decírselo, cosa que tendría que haber hecho.

Hoy Micaela es una nena que mide 1,66 metro y pesa 55,6 kilos. Tiene una vida totalmente normal. Nunca me voy a olvidar de tenerla en brazos y ver que se le iba arrugando la cabecita, como si se estuviera secando. Me acuerdo de darle la teta y llorar por la desesperación.

La señora me dijo que eso se puede producir por un estado emocional fuerte que haya tenido la embarazada, algún susto. Yo me acuerdo de que tuve un susto muy fuerte una noche. Había salido al pasillo de mi casa. Vi un bulto y pensé que era una bolsa de residuos. Me acerqué y era un gato, que me saltó encima. La panza se me vino a la boca del susto, me quedé shockeada por un rato largo. Si fue por un susto, con ése se justifica. La explicación que me dio es que se forman unos parásitos que van subiendo desde el coxis por la médula. Y, que cuando llega a las cervicales, se produce la muerte del bebé. Dijo que muchos bebés se han muerto de eso. El de mi amiga fue un llamado milagroso. Las mamás modernas no sabemos estas cosas, y los chicos terminan internados, con sondas, enchufados. Y eso, si no lo cura una persona que sepa, no lo cura nadie. Inmediatamente después de la primera curación de esta señora, Mica empezó a comer, y la piel empezó a rellenársele".

99. SUSTO

Esta enfermedad se conoce en toda la extensión de la cordillera de los Andes. Es considerada grave y aguda. El "susto" sobreviene cuando los niños pequeños sufren un intenso terror, por lo que se asustan y "se les va el alma". Es necesario hacerla volver con urgencia, de lo contrario el susto derivará en desequilibrios psíquicos.

El susto puede ocurrir por un golpe, accidente o cualquier situación traumática. También pudo haberlo causado un ruido, un animal, el fuego, el agua. Algunos lugares son concebidos como peligrosos, poseen la capacidad de enfermar, y frente a ellos se deben tomar medidas de prevención. Unos de estos lugares considerados "bravos" son los manantiales u ojos de agua.

El "aire" y el "viento" pueden ocasionar susto, ya que sirven como transporte de sustancias nocivas, parásitos dañinos y males sobrenaturales. Por "aire" y "viento" se alude a una atmósfera malsana (sudor agresivo, mal aliento, pestilencias ambientales) y también al mal causado por la cercanía de una persona muerta o de un "espíritu maligno". Llevar a un bebé o niño pequeño a un velatorio es exponerlo altamente al susto. Tampoco se debe ir con él al cementerio.

Los síntomas son amplios y variados. Se detecta por una conducta anormal o atípica del bebé o niño, que puede incluir sobresalto, pesadillas, gritos y llantos repentinos (como si alguien lo pinchara), cambios en el llanto, desconexión (como si el bebé permaneciera "en su mundo"). También pueden incluir diarrea, decaimiento, fiebre, y compromiso físico que puede llegar a la muerte.

Los síntomas aparecen alrededor de una semana después de ocurrido el susto.

Para diagnosticar susto, el curandero indaga en la causa, más que en los síntomas, ya que éstos nunca son específicos. Si su examen lo confirma, realiza tres sesiones de curación, que culminan con un baño de limpieza con flores.

En muchas comunidades andinas, las mujeres hacen un ritual inmediato si su hijo o hija tuvo un accidente. Sin pérdida de tiempo, corren al sitio y arman una cruz con los elementos del lugar y rezan a la Pachamama para que se lleve el susto.

100. MAL DE OJO

Es un malestar que se produce en el bebé cuando lo mira alguien que tiene una "mirada muy fuerte", o que lo mira con envidia (porque quisiera tener un bebé y no lo tiene, o lo tuvo y ya es grande, por ejemplo). Esa mirada se reconoce por una profundidad que no transmite emociones positivas. Produce dolor de cabeza, llanto y/o vómitos. El bebé mueve la cabeza, como si se quisiera dormir y no lo consiguiera. Los pediatras no pueden diagnosticar el origen de las molestias y, por lo general, opinan que se trata de un virus.

Muchas personas saben curar el mal de ojo, y hasta lo hacen por teléfono. Es que este conocimiento se puede traspasar a cualquiera que lo solicite. La única condición es enseñarlo en un momento específico del año, la noche de Navidad.

Si el ojeado es leve, puede funcionar la fricción de un puñadito de hojas de ruda macho en el punto entre ambas cejas. Colocar una cintita roja en la muñeca del bebé ayuda a desviar la mirada hacia ella y protege al bebé del mal de ojo.

Si el bebé va a estar en contacto con personas desconocidas, antes de la salir de la casa se lo puede proteger con un manto de luz, invocando a un ser protector.

101. EMPACHO

Se trata de una molestia digestiva. Un bebé puede empacharse si toma leche de una mujer que comió pesado o, si ya se alimenta con sólidos, por haber comido de más. Los que curan el empacho lo definen como una interrupción o "detención" del proceso digestivo, o un "asiento" en el estómago. Los síntomas identificados son: los ojitos del bebé tienen un aspecto caído o triste, como si estuviera incubando alguna enfermedad; su aspecto es pálido y ojeroso, rechaza el alimento o vomita. También puede haber diarrea.

Si aparecen estos síntomas, es importante consultar al médico porque puede tener muchos significados. Después de descartar otro diagnóstico o a la par, se puede aplicar un tratamiento para el empacho. Hay muchas formas de cura mágica, que también se transmiten en Navidad, y una maniobra corporal conocida como "tirar el cuerito".

Para tirar el cuerito, se recorren las vértebras del bebé, levantando con dos dedos la piel de la columna. Se comienza en las lumbares, y se sube hacia las cervicales hasta que en algún lugar suene un ruidito seco, como si se despegara la piel del músculo (un "cric"). El empacho se cura realizando este procedimiento una vez por día, durante tres días. Se dice que esta maniobra estimula el estómago y permite que se complete la digestión.

El poder de la placenta

Las prácticas relativas a la placenta coinciden en muchas comunidades del mundo. Mientras en algunas se la trata como una entidad peligrosa, en otras se sostiene que es la compañera del niño, y que su destino tiene relación directa con la encarnación y la salud del bebé y la madre. Sea cual fuere el pensamiento mágico, la recomendación siempre es enterrar la placenta. En muchas culturas, cuando los partos se atienden en las casas, se recibe la placenta en algún recipiente, se la envuelve en un trapo, pelero o cuero y, rápidamente, se cava un pozo y se la entierra, cuidando de que no se enfríe. Este proceder de orígenes prehispánicos se explica a partir de la asociación del seno de la tierra y el de la madre.

En muchas regiones de América latina las mujeres rehúsan ir al hospital por miedo a exponerse al mal que impregna la institución por no haber tratado adecuadamente las placentas. Desechar la placenta tiene relación directa con el susto y con muchos males capaces de atacar a un recién nacido.

Una alternativa para quienes perdieron la placenta en el hospital es enterrar el cordón umbilical del bebé como ofrenda a la Pachamama, una vez que se desprende naturalmente. La importancia curativa del cordón umbilical seco *también es fuente de estudio antropológico y medicinal. En medicina folclórica se lo usó históricamente como remedio para enfermedades de los ojos, cólicos o como amuleto. La medicina moderna utiliza sus células para tratar la leucemia.*

APÉNDICE

Crónicas lacrimosas

Llevar un diario del llanto del bebé permite detectar señales que sólo se aprecian por su repetición. Por ejemplo, posibles reacciones alérgicas, sensibilidad a ciertas personas, hora del día en que se pone más nervioso, la influencia de las fases lunares, sus procesos de sueño.

Las crónicas lacrimosas son una herramienta para la consulta pediátrica, ya que brindan al profesional datos valiosos para conocer el lenguaje corporal de su pequeño paciente. Ayudan a encontrar los ritmos naturales del bebé, y están destinadas a convertirse en un recuerdo inspirador de los primeros berridos de nuestro cachorro. El modelo propuesto a continuación puede tomarse de referencia para diseñar un cuaderno con el estilo de cada familia.

Fecha: ....

Fase lunar: ....

Hora del llanto: ....

Cómo empezó el llanto (descripción sonora): ....

....

....

....

....

Antecedentes: ....

....

....

....

....

Dieta del bebé y/o de la mamá: ....

....

....

....

....

Emociones del bebé y la mamá: ....

....

....

....

....

Cómo se calmó: ....

....

....

....

....

FUENTES

Especialistas entrevistados

Adrián Rogers, D.O., presidente del Colegio Argentino de Osteopatía.

Albert Rabenstein, director del Centro de Terapia del Sonido y Estudios Armónicos de Buenos Aires.

Ana Inés Antoniutti, psicóloga del Servicio de Salud Mental Hospital Ramón Sardá. Docente de la Facultad de Psicología (Universidad Kennedy).

Aurelia, curandera.

Berenice, curandera.

Claudia Hernández Soriano, antropóloga.

Damián Seara, facilitador de Respiración holotrópica, Grof Transpersonal Training.

Enrique Labruna, odontólogo.

Frida Kaplan, eutonista. Miembro del Consejo Académico de la Asociación Argentina y Latinoamericana de Eutonía.

Gustavo Scarpa, doctor en Biología. Etnobotánico.

Ingrid May, kinesióloga, Certified Massage Therapist. Instructora de la Escuela de Masajes Oasis.

Iris Schapira, médica pediatra neonatóloga. Terapeuta de neurodesarrollo; coordinadora del Consultorio de Neurodesarrollo e Intervención Temprana del Hospital Ramón Sardá.

Isabel Bustos, jefa de enfermeras de neonatología del Hospital Ramón Sardá.

Liliana Inglese, licenciada en psicología. Terapeuta floral.

Liliana Szabó, médica pediatra. Homeópata.

Lorenza Rodríguez, enfermera de neonatología del Hospital Ramón Sardá.

Miriam García, cantante y profesora de canto con caja.

Rosa de Chehebar, neonatóloga.

Susana Soubiate, licenciada en psicología.

Susana Zurschmitten, licenciada en nutrición, especializada en naturismo.
Verónica Nessi, terapias con cristales.

Bibliografía

Ambrós, Julio J. y Eduardo A. Yahbes, *Homeopatía para tus hijos*, Buenos Aires, Kier, 2002.

Diario de los sueños, Bogotá, Grupo Editorial Norma, 2004.

Figun, Mario Eduardo y Ricardo Rodolfo Garino, *Anatomía odontológica funcional y aplicada*, Buenos Aires, El Ateneo, 1984.

Kennedy, David Daniel, *Feng Shui, consejos para una vida en armonía*, Buenos Aires, Albatros, 2000.

Liedloff, Jean, *El concepto del continuum (En busca del bienestar perdido)*, Tenerife, Ob Stare, 2003.

Martínez, Jorge César, *El increíble universo del recién nacido*, Buenos Aires, El Ateneo, 2001.

Mead, Margareth, *Sexo y temperamento*, Grupos de Nueva Guinea, Barcelona, Altaya, 1994.

Noble, Vicki, *El poder natural de la mujer*, Buenos Aires, Planeta,   1994.

Perrot, Michelle, *Historia de las mujeres*, tomo 5, *Del renacimiento a la edad media*, Madrid, Taurus, 1993.

Yntema, Sharon, *El bebé vegetariano*, Buenos Aires, Melissa, 1994.

Zand, Janet; Rachel Walton y Bob Rountree, *Smart Medicine for a Healthier Child*, Nueva York, Avery Publishing Group, 1994.

Artículos

Cano Ortiz, Sergio y Daniel Escobedo Becerro, "Clasificación de unidades del llanto infantil mediante el mapa auto-organizado de Kohonen".

Scarpa, Gustavo. F., "Estudio etnobotánico de la subsistencia de los criollos del Chaco Noroccidental argentino", 2000. Presentado en la Facultad de Ciencias Exactas y Naturales de la Universidad de Buenos Aires. Director de tesis: Pastor Arenas.

Scarpa, Gustavo. F., "El síndrome cálido-fresco en la medicina popular criolla del Chaco argentino", en *Revista de Dialectología y Tradiciones Populares*, Madrid, 2004, 59: 5-29.
Scarpa, Gustavo. F., "Medicinal plants used by the Criollos of Northwestern Argentine Chaco", en *Journal of Ethnopharmacology*, 2004, 91(1): 115-135.

Internet

www.crianza.com.ar/
www.crianzanatural.com
www.dandoaluz.org.ar
www.dormirsinllorar.com
www.fridakaplan-eutonia.com
www.mind-surf.net/
www.naturopolis.com/
www.oasismasajes.com.ar
www.osteopatiaargentina.com.ar
www.primal.es
www.suenoinfantil.org
www.vacunacionlibre.org

Esta edición de 4000 ejemplares
se terminó de imprimir
en Indugraf S.A.,
Sánchez de Loria 2251, Bs. As.,
en el mes de febrero de 2006.
www.indugraf.com.ar